# 地域社会の
# 創生と生活経済

これからのひと・まち・しごと

## 生活経済学会 [編]

ミネルヴァ書房

## はしがき

　当学会の学術団体としての責任は，全国大会・地方部会等において会員に学術的な意見交換の場を提供し，その結果，得られた学術成果を学会誌等により公刊することです。つまり，学会活動の主要な二つの軸は，学会と学会誌であるといえます。

　学会の使命は，この二つの軸を中心とした学術活動をとおして，広く社会に貢献することです。生活経済学は，医学のように病を癒すことはできませんし，また安全工学のように人の命を直接守ることもできません。そのかわり，生活を対象とした社会科学である生活経済学は，生活と経済活動の間に横たわる漠然としているが広大な研究領域において，最終的には，生活とは何かを考え，生活について経済活動という切り口から考えてみることによって，これまでの社会科学の進歩に一定の貢献をしてきたものと自負しています。

　生活経済学会の創始者メンバーが中心となって編んだ『生活経済学入門』は，生活経済学の体系化の最初の試みでした。本書はこれに続く第二番目の企画であり，生活経済学の体系化を視野に入れながら，最近特に着目されている地域創生における生活の問題を取り上げて，いくつかの専門的な視点から多様な分析を行っています。現代の様々な生活のあり方と生活環境をめぐる諸問題を調査・分析し，その課題解決への道筋を探るとともに，生活が依拠する地域社会とそのサステナビリティや大都市地域から地方地域までの諸相に関する考察を行うものです。

　簡単に各章について紹介しましょう。序章では，現代における生活と生活主体，それを取り巻く内部および外部環境について，地域に関するものを含めてその動向と主要な課題を概観し，豊かな生活の実現とは何かについて検討します。第1章では，地域社会と生活経済について，生活経済に関わる生活とその主体への考察が行われた後，生活経済学とその方向性や体系化が取り上げられ，

地域社会と生活，生活の豊かさ・価値，生活者と教育について考えます。第2章は，地域経済と生活環境の関わりにおいて，中小企業・農林漁業などを含む地域経済動向と地域金融，金融機関の役割，地域の持続的発展のための産官学をはじめとする関係機関などによる連携強化について，実際の取組み事例も併せて考察が行われています。第3章では，生活者の負担と受益について，水道事業を含む地方公営事業や生活者の地域社会参加，中央集権と地方分権，広域行政などについて財政の分野を中心に検討しています。第4章は，主として社会保障の領域からの接近で，住民福祉や地域包括ケア，相互扶助とその組織化，真の地域主権と生活者主権を目指しての地域福祉改革が取り上げられています。第5章では，地域経営の面から，地域消滅とそれへの対策としても地域活性化施策とその推移，生活者の役割，まち・ひと・しごと創生に関する政策の具現化を含めて地域開発と人材育成などについてケーススタディに基づく考察を展開します。最終章である第6章では，地域社会と生活経営として，生活経営と生活組織，シティズンシップの視点からの生活経営，ワークライフバランスと生活の協働，女性農業者とダイバシティマネジメント，生活困窮者支援と地域での包摂問題，情報・環境・ライフスタイルと生活経営が論じられています。

　以上のように，いずれの章においても，最近の生活とその豊かさに大きな影響を及ぼしている課題を取り上げて，それぞれ専門の立場から，必要に応じてケーススタディを折りまぜて考察を行っています。そのため，地域における様々な取組みやその応用の展開のヒントとなり，地域創生の個性的かつ多様な発展のための材料となるものと期待されます。

　ところで地域創生の肝は，地域創生の効果が，そこに暮らす人々の生活の変化をとおしてしか評価できないことだと思います。仮に地元経済が活性化したとしても，それが地域の人々の暮らしを豊かにするものでなければ，地域創生の意味はありません。生活を評価軸としてものごとを見ることは，泥臭く，また場合によっては了見の狭いことのように思われがちです。しかしこの評価軸は，人間が生きていく上で，基本的な視座であることは事実です。生活経済学会は，創設以来，生活という視座を見失うことなく活動してきた数少ない社会科学系の学会です。今後も「生活」と「経済」という二つのキーワードを基本

　　　　　　　　　　　　　　　　　　　　　　　　　　　　　　はしがき

として，学術的な研究を蓄積し，それをとおして，生活する人々および（何らかの事情で）生活できない人々に役立つような成果を公刊するという学会の使命を忘れないようにしたいと考えています。

　本学会の豊富な研究資源をもとに本書が公刊されることを，大変喜ばしく思うとともに，編纂および執筆に当たられた諸先生方のご尽力に対し，生活経済学会長として深く感謝申し上げます。最後に，作曲家ショスタコーヴィチが，ある交響曲で表現したかった「生活」について記述した箇所を引用して「はしがき」の結びとさせていただきたいと思います。

　　「生活は美しい。しかし生活を楽しみながらも，人はその複雑さと矛盾，
　　さらに驚くべき対照性が潜んでいることを忘れてはならない。」
　　　　　　（ショスタコーヴィチ交響曲第6番のレコード（SMK-7711）の解説から一部修正して引用）


2016年9月25日
　　　　　　　　　　　　　　　　ショスタコーヴィチの誕生日に
　　　　　　　　　　　　　　　　　生活経済学会　会長　米山高生

# 地域社会の創生と生活経済
―― これからのひと・まち・しごと ――

**目　次**

はしがき

## 序　章　豊かな生活・生活者と地域社会を考える……1
### 第1節　現代社会における生活……1
　　1　現代の生活と主体……1
　　2　生活の目的について……4
　　3　豊かな生活について……10
### 第2節　生活環境とその変化……12
　　1　内部環境と外部環境……12
　　2　自然環境……13
　　3　社会環境……13
　　4　地域環境……14

## 第1章　地域社会と生活経済……19
### 第1節　生活経済と生活経済学……19
　　1　生活経済学とその方向性について……19
　　2　生活経済学と体系化……22
### 第2節　生活経済・生活者の視点と地域について……25
　　1　生活経済と生活者……25
　　2　生活者の概念と歴史的観点……28
　　3　地域と生活……33
### 第3節　生活の豊かさへの視点……41
　　1　生活の豊かさについて……41
　　2　生活者と教育……44

## 第2章　地域経済・社会と地域金融機関の役割……53
### 第1節　人口，少子高齢化と東京一極集中による「負のスパイラル」…53
　　1　人口の動向……53
　　2　高齢化率の動向……54
　　3　人口，高齢化動向と人口移動……54

第2節　現状認識……………………………………………………………57
　　1　地域事業者・中小企業の現状と課題……57
　　2　地方公共団体・地域の持続可能性……60
　　3　地域金融機関の現状と課題……61
　　4　地域住民の現状と課題……63
第3節　政府の対応……………………………………………………………64
　　1　地方創生本部の「長期ビジョン」と「総合戦略」……64
　　2　経済産業省と中小企業政策……66
　　3　金融庁と金融監督行政……68
第4節　豊かな地域経済社会の実現と地域金融機関の役割……………70
　　1　地域事業者・中小企業への今後の対応……70
　　2　コミュニティビジネスへの支援……74
　　3　地域住民・生活者への支援……75
　　4　地域の持続的発展のための地域金融機関の役割
　　　　：産学官金労言の連携強化……77

第3章　地域社会における財政……………………………………………83
　第1節　生活者の負担と受益……………………………………………83
　　1　生活者の負担……83
　　2　医療保険……85
　　3　介護保険……90
　第2節　地方団体の役割と生活者………………………………………93
　　1　国と都道府県と市町村の財政……93
　　2　市町村の財政……95
　　3　都道府県の財政……98
　第3節　地方公営企業……………………………………………………99
　　1　地方公営企業とは何か……99
　　2　水道事業の特殊性……101
　第4節　暮しやすい社会の財政…………………………………………106
　　1　地方財政の問題……106
　　2　地域への貢献……107

## 第4章　地域社会と社会保障 …………………………… 111
　　　　　――地域社会における相互扶助の組織化と包括ケア構想――

### 第1節　地域社会における住民福祉 …………………………… 111
　　1　地域福祉の現状……111
　　2　地域福祉の課題……115

### 第2節　福祉多元主義の動向：英国の事例を参考にして …………………………… 116

### 第3節　地域包括ケアにおける住民の役割 …………………………… 122
　　1　地域包括ケア構想について……122
　　2　地域包括ケアの課題と地域住民の参画……125

### 第4節　地域社会における相互扶助の組織化 …………………………… 128
　　1　時間貯蓄の仕組みと地域社会における役割……128
　　2　地域主体の役割分担のあり方……132

### 第5節　住民主体の地域福祉改革
　　　　　：真の地域主権と生活者主権を目指して …………………………… 134


## 第5章　地域政策と地域経営 …………………………… 141

### 第1節　地域の課題 …………………………… 141
　　1　地方消滅から生活者へ……141
　　2　買物困難者……143
　　3　ネット販売の進展と生活者の消費購買行動……146
　　4　シェアリングビジネスと生活者……149

### 第2節　地域活性化と生活者 …………………………… 152
　　1　地域活性化とは……152
　　2　活性化地域の事例……153

### 第3節　地域活性化施策の推移 …………………………… 154
　　1　「構造改革特区」から「まち・ひと・しごと創生」へ……154
　　2　構造改革特区……156
　　3　地域再生……158
　　4　総合特区……159
　　5　国家戦略特区……162
　　6　まち・ひと・しごと創生……164
　　7　地域政策への視点……166

## 第 6 章　地域社会と生活経営 … 171

### 第 1 節　シティズンシップの視点から見た地域における生活経営 … 171
1. シティズンシップとは何か … 171
2. シティズンシップと地域社会 … 172
3. 消費者市民社会（コンシューマー・シティズンシップ）の形成 … 173
4. 地域における消費者市民の役割 … 174
5. シティズンシップを視点とした個人・家族・コミュニティと生活経営の課題 … 175

### 第 2 節　「ワークライフバランス」と地域における生活の協同 … 176
1. 生活の社会化と地域 … 176
2. 生活時間でみるワークライフバランスの現状 … 177
3. 「ワークライフバランス」の「ワーク」を問い直す … 179
4. ワークライフバランスと地域社会 … 180

### 第 3 節　食と農をつなぐ女性農業者 … 181
1. サブシステンスを基軸とする社会へ … 181
2. 女性農業者の地位と家計管理，資産形成 … 183
3. 家族経営協定と認定農業者 … 184
4. 農村女性起業とダイバーシティマネジメント … 185
5. 持続可能なリカレント社会と生活者 … 186

### 第 4 節　地域社会における生活困窮者支援 … 186
1. 家計にとっての地域 … 186
2. 孤立する人・困窮する家計 … 187
3. 貸付を通じた生活困窮者支援 … 188
4. 包摂する地域社会に向けて … 190

### 第 5 節　環境の視点から見た地域社会と生活経営 … 192
1. 環境問題とは何か … 192
2. 生活と環境 … 192
3. 情報，環境，ライフスタイルと生活経営 … 193
4. 生活の持続可能性 … 194
5. 地域社会での取組み … 195

索　引 … 201

# 序章
# 豊かな生活・生活者と地域社会を考える

　少子高齢化の進展など重要な課題の中で，どうすれば豊かな生活を実現・維持できるでしょうか。生活の質の向上や必要な支援の確保など，暮らし全般につながる生活環境の整備・向上の条件は，どのように確保できるでしょうか。本書における現代の様々な生活のあり方と生活環境をめぐる諸問題を考える前に，まず生活とは何か，とりわけ多様化と複雑化が進む現代社会における生活そのものについて改めて考えます。そこから，生活環境とその変化への対応やサステナビリティ（持続可能性）さらには大都市地域から地方地域までの諸相に関する差異を考えていきます。

## 第1節　現代社会における生活

### 1 現代の生活と主体

①日常生活と職業生活

　現代の日本など先進諸国における生活のありようには，それぞれの国や地域における伝統や歴史的背景等に基づく独自の固有性といずれにも観察される共通性を有する多様性が存在する。地域の定義は多様であるが，ここでは，例えば日本政策投資銀行地域振興部・日本経済研究所（2009）なども指摘するように，機能的に生活圏を基本として行政圏等も併せて考慮する。生活と地域についての詳しい考察は次章以降で取り扱われるが，いうまでもなく生活は日常生活そのものであり家庭生活とも呼ばれている。それは，近年増加傾向にある単身者世帯における場合も含まれ，もとより，事業活動部分は除かれる。この生活は，基本的に私たち人間の生命維持ないし生存にとって必須のものとして営まれている。

　また，それは，就学や就業など広義の職業生活のためだけでなく，余暇活動

など様々な領域における活動にも不可欠のものであり，相互に密接に関係し合ってそれぞれの成果に影響を及ぼしている。生活とは，いわゆる個人の心技体におけるエネルギーの再生ないし補充を含めて明日への準備のためでもあり，通常はそれ自体で貴重な休息や安らぎをもたらす日常の暮らしとその時間でもある。それゆえ，誰もが強く意識するとしないにかかわらず，何らかの水準における日々の生活や暮らしぶりについては少なからぬ関心をもっているものであり，その維持・向上など好ましい状況を期待している。そして，それを取り巻く環境条件との相互関係性ないし相互依存性も重要である。そのため，内部環境である家庭やその外部環境としての隣近所から職場をはじめ地域社会や国全体，さらには国際情勢に至るまでの生活環境全般との位置づけと相互影響などに気を配るところとなる。生活と国際面との関係では，周知のように，例えば食糧や原油の輸入をはじめとする国際貿易の動向がわが国の生活に大きな直接的影響を及ぼす要因となっている。

そこでは，生活のありようと人々の主体的行動が，生活環境とそれに関係するものとしての政治・経済・社会・哲学・宗教・文化等に関する動向と相互に関連をもち影響し合っている。さらに，単独ないし複合的な思想・思潮・背景条件等の諸要因の存在や介在も認識されている。それは，国内に限らず海外における諸情勢や時代の推移にも依存して，少なからぬ影響を生活と生活主体に対して及ぼしてきた。

また，生活における諸活動や必要な作業などについては，衣食住に関する家事などをはじめとして，市場化できるものないしアウトソーシング（外注）によるところが増えてきた。それは，サービス化経済の進展を含む経済発展や所得上昇等によるところが大きいが，ライフスタイル（生活様式）ないし価値観の多様化などにも少なからず依存している。そこでは，例えば家族メンバー，特に主婦または主夫の生活と就労への時間配分や過ごし方などにも影響を及ぼしている。

さらに，IT（Information Technology，情報技術）の発展に基づくIoT（Internet of Things，モノとインターネットの結合）の進展やAI（Artificial Intelligence，人工知能）の開発・活用などによる家事ないし家庭生活上のサー

ビスの機械化・自動化・電子化も実際に行われるようになってきた。これは，人口減少による労働力不足を補うためにも，今後一層の拡大傾向が見込まれている。それは，例えばワークス編集部他（2016）も述べているように，もとより企業組織においても同様である。ただ，対人サービスやコミュニケーションの繊細な領域においてAI等の活用が可能となるにつれて，倫理面や社会面などにおける諸問題の発生と懸念やそれに基づく新たな規制の必要性も示唆されている。

　生活における暮らし向きや生計といった生活経済については，原・酒井編（1997）をはじめとして，家計簿や生活設計，パーソナル・ファイナンス（個人・家計の金融）等に関するものを含めてすでに中村編（1993）や上田編（1995），内田（2003），大藪（2012）など多くが著わされている。この論点に加えて，生活環境とそれが依拠する地域社会におけるサステナビリティの論点についても，ともに詳しくは後で議論される。

　生活環境の重要性は，生活とその営為自体の継続や変容にとっても相互に影響し合うものである。生活の質や量に関する議論でも，一般的に自然および社会的な生活環境と生活自体が密接に関係するものとなっている。さらに，生活の主体の論点とも関係するが，被扶養者か否か，同居か別居かにかかわらず，児童や高齢の祖父母などという家族メンバー自身の生活とその状況も考慮されるべきものである[(1)]。それは，家庭環境のみならずライフスタイルや家族関係の多様化ないし複雑化によるのを含めて，結果的に自らの心情面はもとより家計としての生活設計とりわけ生涯設計ないし長期計画に少なくとも予算制約面で影響することになるからである。

②生活の主体

　生活する主体については，通常，一般的な経済主体などと異なり，個人や法人といった人格権を有する者のうちの自然人のことであり，あらゆる人が該当する。すなわち，基本的に生活するすべての人とみなすことができる。なお，世間では生活者を経済的に自立して生計を営む者とする場合が少なくないが，"経済的に自立"の意味も実物支給や生活水準等を含めて考えると多種多様であるため，厳密には詳細な定義が必要となる。すでに見たように職業生活面で

の主体としては,少なくとも広義の職業に従事する者としての就学者ならびに一般の企業や事業所等で働く就業者が該当する。未就学児童や定年退職して無職の高齢者等は,この限りではないにしても,生活者であることはいうまでもないことである。

　戦後の核家族化の進展により,さらには家族構成の多様化により,単身者世帯ないし単身家計が年齢層を問わず増加傾向にある。高齢化の進展で,一人暮らし高齢者比率も増加している。実家などの家族との精神的な結びつきの程度は別にして,帰省を除き一人で暮らしている時間的長さで定義すれば,若手ないし中堅の就業者の中にも単身者世帯での家庭生活を営んでいるものが少なくない。

　このように多様化する家族構成も,日常生活を考える場合には,いわば家庭内の生活環境を規定する要因の一つとなる。それは,特に,高齢者の見守り運動や防減災を考える有事や普段からの治安問題への対応などでの近隣づきあい,ないし実質的なソーシャル・キャピタルの有用性などを挙げれば明らかである。なお,ソーシャル・キャピタルとは,ここでは,人や組織等との関係性に基づくつながりとそのネットワーク,さらにはその維持・運営を可能にするシステムをさしている。例えば,Putnam ed.（2002）やBaron et al. eds.（2000）などが詳しく,社会的資本や社会関係資本などとも呼ばれているものである。

　このようなことは,支援する現役世代の就業者にとっても大きな関心事でもある。[2] さらには,他方で,安全性の高い建物や居住区画・地域といったハード面のみならず,ソフト面での地域社会の安全性も生活環境として重視されるべきものである。

## [2] 生活の目的について

①生活と主体均衡論

　生活という営為については,それ自体でどのような最終的な目的を有しているであろうか。仮に,生活学ともいうべき領域を考える場合には,きわめて広範囲な分野と関わっていることが推測できるし,多くの学際的分野から構成されると同時に,関連する周辺多領域の知見にも目配りすることを念頭に置かね

ばならない。そこでは，生活とその営為自体をより多くの人々にとって，豊かで快適に安定して執り行うことができるよう要請されるであろう。それは，生存のためであることはもちろん，毎日の主要な時間を占める勤労生活や学校生活さらにはライフワーク（生涯の仕事）などの活動に対する基盤となるからである。さらには，平常時および非常時（ないし有事）の際における生活を考えることも，近年他の先進諸国と比して地震や台風等の自然災害の多いわが国としては生活自体のサステナビリティに関係する点で不可欠となる。

　まず，そこでは生活する者すなわち生活主体の暮らし方での選好や行動について，そのあり方に関する所定の生活環境条件，とりわけ所得等を含む経済的なものから家族とその関係性などにいたる諸種の生活資源に基づく諸制約が存在する。ここでの生活資源とは，生活に供される資源全般の意味で，衣食住での物的資源から資金ないし貯蓄（endowment〔基本・寄贈財産〕を含む）ならびに利用可能な法制面を含むインフラストラクチャー（基盤的構造）等の社会的な枠組みが包括される。

　このような経済的な予算からサービスのアベイラビリティ（利用可能性）までの制約下において，自由な意思決定を自主性や自律性，合理的判断などにより行い，生活の営為での効用ないし満足を最大化するという主体均衡論の立場が考えられる。また，近年では，行動経済学ないし実験経済学のアプローチに基づく分析的枠組みでの展開がファイナンス（金融・財務）分野をはじめとして行われるようになってきた。生活や暮らしの領域でも，理論的仮定の弾力化でより現実的な具体性のある実証研究などが盛んになっている。

　それらは，伝統的な予算制約下での消費者の効用極大化問題をベースにして数多くの研究が行われてきたが，生活者とその行動にも応用し，理論的あるいは実証的分析等が発展的に取り組まれることを意味する。なお，実践的な消費者行動との関連でも，例えばOstlund & Howard（1973）やSolomon（1999）をはじめ多くの研究が蓄積されている。今後は，さらに，生活者とそれに関係する要因の定義やそれに関連するいくばくかの緩和された仮定などのもとで進展されることが期待される。とりわけ，生活者とは何か，すなわち何を行うものか，その効用水準を規定する要因は何か，さらにはそれに関する客観的で他

との比較が可能となる適切な測定基準ないし方法は何か，等々が検討され準備されることになる。そこでは，効用を阻害する要因，さらには制約条件とその中に自然的および社会的な生活環境をどのように捉えたり採用したりするかという点などにも配慮することが提起される。

また，個人の例えば政治・経済・社会・宗教・哲学・文化等に関する様々な思想・思潮・信条等は，その職業生活やライフワークともいくばくか関係する場合も含めて，日常の家庭生活といった基本的な生活のあり方にも何らかの影響を与えうるものである。ただ，それが，もし職業生活やライフワークと同じないしそれへの準備のための部分があるレベルを超えるところがあれば，純然たる生活の部分から移して区分すべき範疇のものと考えられる。

現実には，上のような定義や諸仮定にかかわらず，生活ないし暮らしを取り巻く環境状況には大きな関心が払われている。それは，社会全般や居住地域，家庭などにおける環境変化はもとよりであるが，市場でも同様である。例えば消費者行動において観察されてきたように，単に価格弾力性ないし感応性のみならず利便性や顕示性，あるいは衝動買いのような非合理性など様々な要因が消費者の心理や意思決定に影響を及ぼしている。(3) さらに，企業のみならず公共部門の行動も，生活にとってマーケティング面やアナウンスメントなどで有用な情報となっている。

通常，平常時には生活に基づく効用ないし満足度をいかに最大化するかに高い関心が払われる。すなわち，個人の職業等における諸活動を円滑に行うためには，いかなる生活をすれば最適な行動となるかということに関心がある人が多いであろう。それは十分な理由とも考えられるが，ひるがえって，例えば被扶養者である子どもないし未成年者や定年退職した年金生活者をはじめ職業をもたない人の場合はどうであろうか。

職業等とは独立に，各人の人生観ないし価値観に合致する生活自体の目的やあり方も考慮されねばならない。さらには，個人のレベルから地域社会や国レベルのマクロ的な意味合いにおいても考えられることである。それは，単に個人レベルの集計としてだけでなく，全体的な何らかの特性や固有の動向を示しうるであろう。つまり，一方で，万人に共通する普遍的なものも考えられる。

他方で，しばしば国別の幸福度を比較する際に問われるところであるが，国や地域，民族，さらには何らかの思想・思潮などを含む世界観や人生観などの範疇等に依存する特定の社会の固有性も，いかほどのレベルかは別にして，認識可能なものがあろうかと思われる。

したがって，その場合には，そこから生活を構成する要素や内容およびその範囲や規模，さらには関連する条件等も規定されることになる。それは，例えばコンパクト・シティやスマート・シティなど公共関連事業を含む公共財サービス供給とそこでのデザイニング（設計の実施）の方針などに活用されることで，住民の満足度に大きく影響することになることが予想される。なお，ここでは，コンパクト・シティは生活に必要十分な利便性と効率性をもつ居住地域を，スマート・シティは省資源・省エネルギーに特化した居住地域をさしている。

②規範論 vs 経済研究

いつの時代も，「人は，いかに生きるべきか」ということに，人々は高い関心をもっている。周知のように，これは古来より大きなテーマであると同時に，日常の生活を考える際には多くの人々にとって人生の依拠すべき出発点ともいえるところである。もとより，このような規範論的な考え方が個々人には妥当するとしても社会的にいかほど可能かについては多様な議論が予想される。ここでは，それを読者に委ねることとして深入りすることはしない。Maslow (1943, 1970) でなくとも個人の職業生活やライフワークの基盤をなす生存のための生活にとっては，生活環境も含めて周りの人々と社会的にも安全で公正に活き活きと陽気に暮らすことができれば逆の場合よりもはるかにアメニティ（快適性）が優るわけで，関連する欲求レベルの充足度も高まるというものである。ただ，結果としての自己実現のレベルとその欲求のレベルは必ずしも同一とは限らず，例えば高い賃金ないし所得が支給される職場の雰囲気がすべてに快適であるとは限らないのは周知のとおりである。

働くことにおいても，何を得るために就業するのか，その優先順位は個人により異なるとしても多くの人々に共通なものもあるし，人によってはきわめて異なっていたり固有のものであったりすることがある。しかも，それらは時代

背景ないし社会思潮や制度的要因等に依存するところがある。それは，家庭環境においても，例えば内田（1988）も指摘しているが，主婦のパート勤務などの追加的労働供給とその時間ならびに機会費用をめぐる家族の意思決定や家族関係への影響など，いくばくか重要な部分を構成するものと考えられる。加えて，今後さらに高齢化が進む中では，これまで以上に介護等の問題もあわせて意思決定することが求められる。

「幸福とは何か」ということについても，生活とその満足度に深く関わるものであり，従来から宗教や哲学，政治などの分野で扱われてきた大きなテーマである。規範論とはいくばくか異なるが，近年，わが国でもすでに，幸福の経済分析など経済学的アプローチによる研究が，例えば林（2002），大竹他（2010），橘木（2013），小塩（2014）などにおいて見られるようになってきた。今後はさらに，例えば家計構成メンバー個人の就学や就労，余暇，家事などへの単独ないし共同での時間費消やインセンティブ（誘因），予算制約，便益と満足度などとその諸要因に関する地域別ないし国別の比較調査や，それらと関連する地域特性と居住条件に基づく研究等の進展がとりわけ生活経済学分野では期待されるであろう。

また，海外でも，例えば Stiglitz et al.（2010）では，古典的な所得をはじめとする GDP（Gross Domestic Product, 国内総生産）等に基づく発展の考え方から主観的な生活の質のほかに，客観的な指標としての健康や教育，個人的活動，政治的主張，ガバナンス（統治），社会との連携，環境条件，個人的経済的不安全性を指摘するとともに，生活の質の不平等度や持続可能な発展と環境についても提起しており興味深いものがある。

さらに，Graham（2011）でも，それを新しい科学と位置づけて，一人当たり GDP と生活満足度で OECD（Organization for Economic Co-operation and Development, 経済協力開発機構）諸国並みの高い満足度を低 GDP ながら有するコロンビアやアルゼンチン，ブラジル，ベトナムなどの存在を指摘している。加えて，GNP（Gross National Product, 国民総生産）を中心とする経済指標から日常経験からの効用や福祉関連の厚生諸指標，友情・仕事・健康等からの満足，生活目標ないし人生の目的という意味での幸福などを考慮した GNH（Gross

National Happiness，国民総幸福）に向けた幸福指標等を提起している。

③主観論について

　生活の合目的性とその条件や充足性などについて他者との比較可能性や社会全体における評価を可能にするには，確かに，客観的基準や指標等が要求されるが，社会の構成メンバーすなわち人々の合意を形成するには相応の準備が必要になる。ただ，一方で，幸福ないし幸福感，あるいは少なくとも生活の効用や満足度を考える場合には，依然として主観的あるいは心的・精神的な側面に基づく判断の占めるところが大きい。実際，例えば家族関係の如何によって生活自体が楽しく幸福感が増すこともあるし，そうでなく逆の場合もある。それは，仮に一人当たり経済生活上の同一水準の所得や資産負債，消費性向等があったとしても，得られる満足度や幸福度が必ずしも同一とは限らないことからも容易に推察される。

　一般に，欲にはキリがないように，古人のいう"足ることを知る"という言葉の意味するところは，例えば生活習慣病予防の上でも説得的である。もとより，"衣食足りて礼節を知る"という言葉のように，物質的ないし経済的側面も少なからず関係しているであろう。ただ，多様で複雑で高度に発展した社会において生活を営む先進諸国の人々にとっては，ボランティア活動や相互扶助ないし公共部門との関係性に基づくところでの役割分担とそこでの活動や意思決定のあり方なども重要である。それは，彼らにとって生活や生活環境面において生きがいやさらには幸福感に影響を及ぼすものとなっていると推測できるからである。Mathews（2009）も生きがいについて触れているが，それらは個人の価値観等に依存するところが大きいものであることは否めない。このように，人助けやボランティア活動に従事することで得られる効用や満足度は，幸福度と必ずしも独立ではないと考えられる。

　なお，社会的側面への配慮と同時に，個人や家計における主体者としての判断や行動に関わる意思決定のありようから個人ないし住民の地域社会との関わり合いにおける社会性や協同性，社会貢献性などのレベルや意識などに至る考察の重要性も指摘しておきたい。それは，例えば防減災活動をはじめとして地域社会での諸活動における自助・共助（協助）・公助などを考える場合にも有

用となるからである。その例として，近年のわが国においても，災害時における近隣世帯とのつながりの程度や，さらにはソーシャル・キャピタルの実状などと，避難所生活や復旧・復興段階での諸パフォーマンスの差異との関係性などが指摘されている。

　このように，各人の個別的ないし固有の精神的ないし心的な側面での充足や安定を重視する立場を配慮し，仕事ないし働くこと，さらには余暇活動等における生きがいや自己実現とそのレベルなどへのインセンティブを重視する見方も有意味である。しばしば，世間では，人の欲望は無限に拡大する傾向があるとか，多くの物すなわち財サービスに関する限界効用は低減するが貨幣では必ずしもそうでないなどといわれている。しかし，生活のサステナビリティを考慮する場合には，予算制約や適正水準での消費設定と同時にマクロ経済レベルでの地球資源を基本的には与件とした資源配分のあり方について，市場メカニズムをベースに公的規制ないし自主規制等を政策的に補いながら検討することが望まれる。

　その中にあっては，特に精神面や文化的側面などについて，生活の張り合いなどといったことが生きがいの如何にも通じることである。とりわけ経済的に発展した先進国での生活水準を享受する人々においては重要度が高いものであるが，他方で，すでに触れたようにそれは経済的豊かさには必ずしも依存していないという見方も考えられる。寄付文化のみならず相互扶助についても，身近なものから社会全体までの範囲と，ちょっとしたボランティア活動から継続的なNPO（非営利組織ないし特定非営利法人）活動従事まで多種多様である。それらに対する地域社会ないし国々における特徴や人々の評価なども一様ではない。ただ，先進諸国における場合のほうが途上国よりも人々の意識面でも実施可能性や方法等でも進展していることは否めない。

### ３　豊かな生活について

　地域と生活における基本的なテーマの一つが，地域社会での豊かな生活の実現や維持ないし発展といってよい。詳しくは，次章で検討するので，ここでは概観するにとどめたい。

豊かな生活とは何か，さらに生活の豊かさの条件にはいかなるものが具備されるかということも配慮されるべきものである。これらの表現における"豊か"という言葉についても，前述のように主観的な捉え方に基づくところも考えられるため，例えば一人当たり GDP や社会資本形成をはじめとしていかなる客観的な定義と基準に基づいて議論を展開するのかが問われることになる。

　ただ，ここでは，これ以上深入りせず，特に断らない限り一般的に多く用いられている暮らしという意味における解釈によるものとする。つまり，少なくとも衣食住をはじめとする日常生活が安全・安心な信頼の置ける状態で，公正に効率的に安定的に維持・向上されることが望ましいものとして考えることにする。それゆえ，豊かさについても，それらの質と量がどのように満たされているかにもいくばくか依存することになり，まずは経済的社会的側面における意味合いがクローズアップされてくる。

　実際，その意味では，わが国が先進国の中で典型的なケースといわれる少子高齢化の急速な進展は，欧州諸国のような一種の人口動態の定常状態へ移行する過渡期の現象といってもよい。したがって，現状では，例えば年金制度改革での租税依存への考え方や，特養施設への大量待機問題の解決など，多くの人がいずれ行く道であり通る過程であるだけに，また家計消費の伸びへの効果も期待されるため，特段の対策ないし政策の採択が急がれてよいものである。

　この点について，本書では，生計面でのフロー（流量）としての家計所得・収入ならびに支出ないし消費と貯蓄への配分（量），ストック（在り高・残高）としての資産・負債，さらには雇用や労働等をめぐる経済的諸要因が，関係する金融・財政や地域経済・経営にわたる制度的経済的背景とその変化とともに取り上げられる。同様に，医療や介護等の福祉面とりわけ社会保障等について，制度面の動向や課題，ケーススタディ等も含めて考察される。最後に，家計ないし家庭における社会的経済的諸課題について検討する。

## 第2節　生活環境とその変化

### 1　内部環境と外部環境

　生活環境については，前節でも少し触れたように，生活の基盤を支えるものでもあり，平常時や非常時を問わずそのありようが生活の豊かさにも影響を及ぼすものとなっている。家庭内部環境に対して外部環境には，まず自然環境と社会環境，さらに家計ないし生活主体が依拠したり生活活動が主として行われたりする地理的・空間的な場所である地域としての環境条件も考慮されることが望ましい。

　内部環境とは，家庭内部における環境で，居住に関わる家屋などのハードウェア（物的側面）に関するものから，家族関係やそれに基づく家風や家庭のしきたり・イベントなどソフトウェア（サービス的側面）に及ぶものまでが包括される。かつて多く見られた3世代同居型家族の生活パターンなどからは，各世代の家庭内部での役割分担や一家としての生活様式がうかがえてわかりやすいであろう。ただ，単身者家庭の場合も基本的には同様であり，諸機能や役割の分担者が世帯主のみで，看護・介護等の諸サービス受給とその時間にも関係するが通常は一人ですべてを行うものである。

　近年，私たちの暮らしを取り巻く環境の変化は，家庭内部環境の個別化（孤別化）や多様化，複雑化などもあるが，それ以上に家庭の外すなわち外部環境において従来よりもはるかに広範で重要もしくは深刻なものがある。それは，いうまでもなく生活環境を構成する自然や社会などの諸領域において観察されている。生活と関わる諸要因自体の複合性や多様性，相互関連性ないし依存性などにもそれぞれ関係しており，地域的にも量的あるいは質的な変化とその速さなどに差異が見られる。そのため，日常の生活そのものも少なからぬ影響を受けており，意識するとしないにかかわらず日頃の生活リズム等に組み込まれて慣らされているという感すらぬぐえない。それらの主要な具体的変化については，各章において生活の豊かさの実現に向けた考察や議論に向けて取り上げられる。

## 2  自然環境

　外部環境では，まず，自然環境が挙げられる。生活の維持や継続性を考える場合，平常時においては，資源的条件ないし地球レベルでの自然環境における制約条件に基づくサステナビリティが提示される。かつての Mishan（1967）などの議論から進んで，公害問題はこれからも開発途上国で取り組むべき課題であるし，先進国の技術的ないし経済的支援も有効であり，地球温暖化問題には先進国と途上国とを問わず対応が求められている。エコレベルの向上ないし省資源・省エネルギーへの努力は，今後一層，人類共通の課題である。経済発展との調和といった安易なレベルではなく，地球環境が許容する範囲を与件として人類の活動の維持・発展を図るべきものと考えるのが妥当である。

　また，特にわが国の場合，地震や津波など自然災害発生といった非常時の場合に即しては，少なくとも衣食住とその調達や社会的・行政的サービスのアベイラビリティの程度，社会的弱者への対応が要請される。さらに，予算制約に関連する諸要因を含めて生活経済や生活経営に要する諸資源の活用度，防減災やサバイバル・メソッド（生き延びるための方法），地域社会での人間関係やソーシャル・キャピタルへの対応等々が組み込まれることになる。そのほか，例えば定期ないし不定期の防減災訓練や夏季林間学校などでの防減災に特化されたキャンプ生活も教育現場での取組み例として行われている。加えて，2次的にも人為的ないし社会的災害を併発しないフール・セーフないしフェイル・セーフ（複数の安全装置や機能）といった事前の対応が政策的にも必要である。

## 3  社会環境

　個人や地域社会，さらには国などにおいては，生活とそのあり方を可能にしたり保証したりするところの法制面を含む諸条件の確立と生活環境の整備などが，基本的には議会などでの合意形成下で行われる。それともいくばくか関係するが，社会的インフラの整備・更新や防減災対策事業なども重要視される。実際，それは，ことさらにソーシャル・キャピタルの効果と呼ぶまでもなく，わが国では古くから隣近所づきあいなど，近隣地域社会における人々のつながりの強さに基づく助け合いが果たす役割には大きなものがあるとされてきた。

それは，例えば相互扶助効果および関係するノウハウの有用性が災害関連死の低減に影響することなどからも明らかである。

社会における格差問題でも，税制対応とは別に，例えば教育による所得格差の世代間存続性の懸念などが指摘されている。大都市地域と地方地域における"足による投票"を可能にするような生活に関する行政サービスの内容やレベルの差異の存在とその影響も，従来から指摘されている。そこには，雇用・労働面の地域間差異などに基づく様々な要因が絡んでいる。さらに，個人ないし生活者の主体的行動とその結果の情報自体も，個別ないし集合的に諸制度や社会慣行さらには政策の立案と実施など，行政サイドの活動とそのパフォーマンスなどと相まって，生活者を取り巻く社会環境要因となり影響力をもつものである。

ここで，あらかじめ一部について触れておくと，過去においては，高度経済成長期から低成長期において省力化や省資源・省エネルギー活動などが特に生産現場では展開され，現在は，ME化やロボットを活用するロボタイゼーションともいうべき現象が進んでいる。生活の中にも掃除用ロボットなどが入ってきたし，将来的には，それらに加えて本格的なAI化が浸透すると予測されている。実際，情報とその価値が一層重要となってきた情報化ないしIT化の進む社会，さらに人や組織とのつながりやコミュニケーションの重要性が増す中でICT化が急速に進んでいるのが今日の社会である。なお，MEはマイクロ・エレクトロニクスとして小型コンピューター内蔵型機械を，ICTはITにコミュニケーションのCが加わった情報通信技術をさす。

このように，情報劣位の問題への対応に努めながら，個人や家計部門としては単に日常の生活防衛にとどまらず，職業生活への備えも含めて新しい豊かな生活へ対応することが求められている。本書では，それらの概要を眺めた上で，生活とそれを取り巻く環境に関わる諸課題を取り上げてそれらへの対応を含めて検討する。

### 4 地域環境

地域における環境についても，自然と社会の双方への目配りが必要であり，

特に前者で防災マップへの理解や啓発などについては関心が高くなっている。ただ，本書では，後者を中心に取り組んでいき，詳しくは次章で取り上げる。

およそ生活というものは内田（2002）も指摘するように，古代から現代に至るまで地域に根差すものであり地域社会の変化と独立ではありえないし，逆に相互に影響し合うところには大きなものがある。従来から提起されている人口動態変化での少子高齢化の進展をはじめとする重要課題への取組みをはじめ，そこから政策上のヒントや提言などを導出するねらいがある。さらに，現代社会における様々な生活を取り巻く環境条件の中で，どのようにすれば21世紀の新しい時代における豊かな生活を実現でき，生活の質の向上をはかって生活者の満足度ないし効用を高めていくことが可能かということも問われている。その中で，生活経済研究にアプローチする関連諸分野の研究者の取組みには，多くの関心や要望が寄せられるところとなっている。

したがって，すでに推進中の地方創生政策のもとでも，地域社会の変化がそこでの生活の質や生活者の行動に様々な問題をもたらしていることに着目する。そして，諸種の格差問題等も含めて一部の大都市圏地域とほとんどの地方地域における生活の諸相の差異から家計・産業・行政等の各経済主体部門の対応に至る中で課題を抽出する。そこから，生活と経済の視点をベースに専門的および学際的なアプローチで検討・分析し，問題解決の足掛かりを見出すとともに政策提言へのヒントを導き出す。

いうまでもなく，地方地域ほど少子高齢化とそれに付随する問題の進展が早く，対応も急がれている。暮らしに影響を及ぼす社会的な諸変化はもとより，阪神淡路や東日本，熊本の震災等に起因する諸種の自然および社会的な災害を防ぎかつ低減（減災）させようとする動きも行政やNPOのほか，BCP（Business Continuity Plan，事業継続計画）を企図・採用する企業部門などで活発化してきた。

昨今では，少なくとも生活を維持させるべき社会的機能・活動を保障するために，全国いずれの地域においても地震発生の可能性の視点から防減災活動とその一環としての教育・研修等の必要性が高まっている。BCPに準じて家計部門でもDLCPとして，デイリーライフ版を考えねばならない時代になって

きた。安全で安心できる地域社会への変革とそこでの暮らしを日常生活と職業生活において維持するとともに，生活の質的向上も図っていくことが，豊かな経済大国といわれて久しいわが国においては日常レベルで津々浦々においても求められる時代であることが共通認識となっている。

　そこで，次章では，地域との関わりにおいて生活経済に関する諸論点を考えていくことにしよう。

**注**
(1) 児童について，ここでは，児童福祉法第4条の定義に従って用いる。高齢者とは，通常，65歳以上の者をさす。また，例えば養育や介護等への考え方のほか，家事労働従事は就業として職業生活の部分となり，厳密には一般的な生活時間から除外するのが妥当とする考え方がある。
(2) 家族形態については，例えば稲葉（2016）や『個人研究』Vol. 11, No. 2など参照。
(3) なお，家計における意思決定等については，例えば内田（1988）など参照。

**参考文献**
稲葉昭英，2016，「NFRJ（全国家族調査）からみた日本の家族の変化」『個人研究』Vol. 11, No. 2, 2-9頁。
上田昭三編，1995，『生活ファイナンスの基礎知識』東洋経済新報社。
内田滋，1988，「家計管理と意思決定」長嶋俊介・乗本秀樹・内田滋・木村陽子・湯川隆子・高嶋京『家庭運営の内発的展開』昭和堂。
内田滋，2002，「生活経済と地域社会に関する一考察——テンニースの所論とソーシャル・キャピタルへの視点を含めて」『経営と経済』第82巻第3号，137-164頁。
内田滋，2003，『現代生活経済とパーソナル・ファイナンス』ミネルヴァ書房。
大竹文雄・白石小百合・筒井義郎，2010，『日本の幸福度——格差・労働・家族』日本評論社。
大藪千穂，2012，『生活経済学』財団法人放送大学教育振興会。
小塩隆士，2014，『「幸せ」の決まり方——主観的厚生の経済学』日本経済新聞出版社。
橘木俊詔，2013，『「幸せ」の経済学』岩波書店。
中村隆英編，1993，『家計簿から見た近代日本生活史』東京大学出版会。
日本政策投資銀行地域振興部・日本経済研究所，2009，「地域経済活性化の論点メモ」『地域調査研究レポート2009』No. 1, Vol. 4。
林敏彦，2002，「幸福の研究」『文化経済学』第3巻第2号，97-98頁。
原司郎・酒井泰弘編，1997，『生活経済学入門』東洋経済新報社。

ワークス編集部他，2016，「特集　同僚は人工知能」『Works』No. 137，4-35頁。

Baron, S., J. Field and T. Schuller eds., 2000, *Social capital: critical perspectives*, Oxford U. P.

Graham, C., 2011, *The pursuit of happiness: an economy of well-being*, The Brookings Institution.（多田洋介訳，2013，『幸福の経済学――人々を豊かにするものは何か』日本経済新聞出版社）

Howard, J. A. and L. E. Ostlund, 1973, *Buyer behavior*, Alfred A. Knopf, Inc..

Maslow, A. H., 1943, "A Theory of Human Motivation," *Psychological Review*, Vol. 50, pp. 370-396.

Maslow, A. H., 1970, *Motivation and Personality*, 2nd ed., Harper and Row, Publishers.（小口忠彦訳，1954，『人間性の心理学』産業能率短期大学出版部）

Mathews, G., 2009, "Finding and Keeping a Purpose in Life, Well-Being and Ikigai in Japan and Elsewhere," G. Mathews and C. Izquierdo eds., 2009, *Pursuits of Happiness, Well-Being in Anthropological Perspective*, Berghahn Books.

Mishan, E. J., 1967, *The costs of economic growth*, Staples Press.（都留重人監訳，1971，『経済成長の代価』岩波書店）

Putnam, R. D. ed., 2002, *Democracies in flux: the evolution of social capital in contemporary society*, Oxford U. P.

Solomon, M. R., 1999, *Consumer behavior: buying, having, and being*, 4th ed., Prentice-Hall, Inc..

Stiglitz, J. E., A. Sen and J-P. Fitoussi, 2010, *Mismeasuring our lives: Why GDP doesn't add up: The Report by the Commission on the Measurement of Economic Performance and Social Progress*, The New Press.（福島清彦訳，2012，『暮らしの質を測る――経済成長率を超える幸福度指標の提案』金融財政事情研究会）

（内田　滋）

# 第1章
# 地域社会と生活経済

　生活経済では，暮らしや生計に関する様々な事象を取り上げて，その向上を図り豊かな生活の実現を目指すことがねらいとされます。同時に，暮らしは主たる居住地の地域を中心に営まれていますので，地域社会の動向と密接な関係にあります。ここでは，生活経済とそれを取り扱う生活経済学，生活と地域社会との関連，さらには，生活環境とその変化についても併せて重要な論点を提示しながら考察することにします。

## 第1節　生活経済と生活経済学

### 1　生活経済学とその方向性について

　生活および生活経済といえば，一般に日常生活やそこにおける普段の暮らしや生計などが思い浮かぶ。実際，日常生活や身の回りの出来事など直接には経済的領域の事柄でなくても，個人ないし家族の生活設計や生活様式などでの意思決定の際には，間接的に予算や消費・貯蓄などが大きく関係してくる。本書の各章においても，特に断らない限りこのような一般的に考えられている通念に基づいて，生活や生活経済の議論が展開されるケースが多い。

　ここでは，まず，生活と経済ないし生活経済に関する研究とそのアプローチについて触れておこう。かつて，生活経済を探求する学術的分野や領域については，学際的なものから構成されると考える向きが多かった。1985年にわが国でも生活経済学会が設立され，今では日本経済学会連合の有力なメンバーとして活動するようになっている。例えば原・酒井編（1997）なども示唆するように，生活経済学については，単に応用経済学の一分野のみならず学際的なウェイトの大きな中核的学術領域を形成する可能性をもつといわれている。経済学自体についても，いわゆる経済科学（Economic Science）から経済学

(Economics)まで幅広い定義がなされてきたし，広義においては，商学や経営学等を内包したり，さらには関連する他の隣接する社会科学（Social Sciences）ないし関連周辺研究（related peripheral studies）を含めたりする場合もある。

生活経済学がその中でいかなる位置づけを有するものかについては，これまで多くの議論が行われてきた。生活経済学を提唱してきた生活経済学会でも，「一般に，学術分野においては，細分化・専門化と綜合化・体系化とのバランスが重要であるとされている」という点に加えて，家政学や厚生経済学，社会政策学が重要な分野として関わるものと，そのホームページ（HP）で述べている。

これらの点を含めて，本書では，地域に根ざす生活とその主体である生活者をめぐって，現代社会における様々な生活環境条件の中でいかに豊かな生活を実現できるかということに焦点を当てる。そして，生活と生活者，それらと経済の関わりに及ぶ諸課題を取り上げて考察する。加えて，定義等も含む生活経済学の体系化とそれをめぐる議論を再検討する。そこでは，生活経済と生活経済学に関係する様々な分野の研究者による学際的な研究が学術的シナジー（相乗効果）によってもたらされる総合化や，それらの全体集合の拡大が十分可能であることなどが提示される。

学会のHPでも指摘されているように，複数分野の研究の合流による新たな流れが形成されていくことによる学術的貢献も生じうる。その中からは，体系化の中核を担うメタサイエンスとしての生活経済学の確立への条件の検討を伴う道程と，その中から派生するさらに新しいメタサイエンスとその成長なども期待されている。この点については，Popper（1965）の提示する科学ないしそれを構成する要因の属性に関する指摘にも興味深いものがある。

基本的にはこのように，生活や生活者について経済学の観点から考えることであり，生活の実態や営為と生活者の行動等を研究対象として設定する。そして，経済科学としての目的や方法論などを備えた学術的領域・分野の確立とその展開・発展を期するものである。そこでは，いくつかのメタサイエンスとその応用を含む学際的アプローチによって新しい理論やファクト・ファインディング（事実の検証・発見）等による学術的貢献が期待される。

さらには，生活者の生涯における経済的な生活設計とりわけ家計の生涯所得収支計画と資産負債管理（Asset Liability Management，以下 ALM），家族の世代間役割分担の中でも異時点間における相続や贈与等を含む ALM のあり方，金融教育や経済教育，生活教育など社会や家庭での教育のあり方などが関わってくる。

他方で，従来からの伝統的な領域においても，経済パフォーマンスとの関連について貯蓄や教育，労働等にわたって多くの研究が蓄積されている。その中には，少子化や高齢化をはじめとする人口動態の変化や人々の価値観とライフスタイルの多様化と独立ではあり得ず，これらの諸変化に基づく少なからぬ背景要因への取組みなども幅広く行われている。

パーソナル・ファイナンスを含めて家計管理や家計の生活設計と様々な場面での意思決定や行動に関する理論モデルの構築・分析や，現実のデータに依拠した実証分析などへの関心には高いものがある。加えて，近年新たに展開されてきた実験経済学や行動経済学の分野をはじめ，消費者心理の研究や定年退職者や高齢者の社会人学生等への生涯学習教育研究，地域開発とソーシャル・ビジネス（社会的事業），NPO と行政の役割等の家計を取り巻く多くのテーマに関する諸研究分野との連携や相互乗入れも有効な研究促進要因となりつつある。

また，女性の活躍，具体的には例えば就労者比率や管理職比率等についても，追加的可変的労働供給や社会参加，生産性と雇用条件，エンパワメント（権能の付与・発揮），職場環境改善，若年者雇用やニート（young people who are *not in education, employment or training* の略）等の諸問題とその対策もあわせて問われている。介護離職問題への取組みの問題でも，マクロ・レベルでの政策スキーム（計画）の検討から家計内部における長期的予算計画や家族の役割と分担，社会性の涵養への対応策等に至る諸観点において，家計効用や家族関係にわたるものを含めて学際的にも検討しうるものと考えられる。このほか，生活とその主体である生活者を軸に，そのあり方や行動の社会的側面に関する学術研究・教育への視点も併せて検討されることが期待される。

## 2　生活経済学と体系化

　生活経済学会が1985年4月に設立されて以来，約30年が経過する中で，当初から学際性とともに体系化の目標あるいは課題が提起されていた。当時は，すでに高度経済成長の後で低成長ながら高水準の経済パフォーマンス（成果）に日本経済が位置していた反面，生活の豊かさの面ではマクロおよびミクロ経済の両面で福祉の充実や雇用・労働条件の改善から，家庭内労働や家族関係等に至る様々な家計所得面以外の要因にわたる広範な分野への研究の取組みが期待されていた。

　当学会設立の目的についても，HPでは，「生活経済学会の目的は，市民・生活者が直面する次のような諸問題を研究し，もって個人（家計）の経済生活全般の改善・充実に貢献することです。第1に，生活の豊かさ・ゆとりとは何かという問題を明らかにすることです。わが国は，経済大国，輸出大国ですが，生活大国とはいえません。市民・生活者重視の社会を実現するための課題を研究することが必要です。第2に，急速な高齢社会・少子社会化に伴って，年金，医療，介護，就業機会，社会参加などの問題がクローズアップされています。高齢化・少子化に伴う社会的費用の世代間負担及び公的社会保障と個人の自助努力の分担のあり方などを研究する必要があります。第3に，長寿社会の到来は，すべての個人・家計に対して生涯生活設計（ライフ・プラン設計）を要請することになりました。住宅，貯蓄，保険，個人年金，パーソナル・ファイナンス（個人の資金運用と借入れ）などのあり方を研究することが不可欠です。第4に，情報化・グローバル化に伴い，日本的なコーポレート・ガバナンスや雇用契約が変化し，また，家計消費やライフスタイルにおける画一化と個性化が並行的に進行しています。これらが個人（家計）に与える影響を分析する必要があります。生活経済学会は，上記のような現代の諸問題を分析するにあたって，社会における効率性，公平性，安全・安心，自由を重視するとともに，より根底的に自然環境ないし人間と自然のバランスを重視することを目指している学会です。」としている。すなわち，そこでは，①市民・生活者重視社会への課題の探求と取組み，②少子高齢化社会での公助・自助のあり方，③生涯生活設計とパーソナル・ファイナンス，④企業経営やガバナンス，雇用条件変化

第 1 章　地域社会と生活経済

の家計への影響，などに関する研究の必要性を提起した。

　それは，生活大国への政策転換等の動きや当時所与の人口動態が経時的推移を伴って影響していく近い将来への諸問題の提起とあいまって，会員に求められていたものとも考えられる。

　生活経済学に関する研究・教育を行うのが当学会の主たる目的であることは論を俟たないところである。生活経済学そのものの考察については後に譲ることとして，まずその体系化について触れておこう。

　体系化の動きについては，当学会ですでにその取組みが行われており，その結果も社会に公表・刊行されている。すなわち，「生活経済学は，生活経済学会の研究大会等を中心とした総合的・学際的な研究活動を通じて徐々に確立されていくことが期待されますが，他面では，積極的に生活経済学の確立に向けて努力することも必要です。生活経済学会では，そうした意図から生活経済学体系化委員会を組織し，各分野の研究者が参集して研究会を開催してきました。その成果が，原司郎・高千穂商科大学教授（金融論）と酒井泰弘・筑波大学教授（理論経済学）の共編著『生活経済学入門』（東洋経済新報社，1997）です。編著者の他，朝日譲治・明海大学教授（公共経済学），御船美智子・お茶の水女子大学助教授（家庭経済学），宮崎礼子・日本女子大学教授（家政学），坂口正之・大阪市立大学教授（社会保障論）が本書を執筆しています。この書物では，生活者としての人間が求める「ゆたかさ」は，物質的のみならず，時間的，空間的，精神的なゆとりであるとしています。そしてこうしたゆたかさを支える社会的要素として効率性，公平性，安全・安心，自由を考えています。また，より根底的にゆたかさを支えるものとして，自然環境ないし人間と自然のバランスを重視しています。ついでこの書物では，このような「ほんとうのゆたかさ」の実現に努力してきた学問として，アダム・スミス→エンゲル→リチャーズという「家政学」の流れ，アダム・スミス→マーシャル→ピグーという「厚生経済学」の流れ，およびアダム・スミス→リスト→シュモラーという「社会政策学」の流れを重視し，これらの学問が生活経済学を支える3つの柱であるとしています。より具体的にいえば，生活経済学は，家族の生活の充実・次代の生命を育てることの大切さを教える家政学，多面的に人間生活を改善する政

策を研究する厚生経済学，市場経済の不安定性をチェックして人間らしい最低限の生活を守る必要性を示す社会政策学という3つの学問を合流させることを通じて，新しい学問として誕生すると述べています。『生活経済学入門』は，上述のように大きなメッセージをもった書物であり，各方面で注目されていますが，生活経済学の体系化は本書によってやっとスタート台にたったところであります。生活者，生活経済学という概念が市民権を得るにはなお若干の時間を要するかもしれません。とりわけ，この書物に盛られた方法論やアイデアを種々の問題について具体化する作業が不可欠と思われます。」と指摘した上で，繰り返しになるが「学問の進歩のためには細分化・専門化と綜合化・体系化とのバランスが不可欠です。」とHPでは述べている。

　ここから，生活ないし生活者を対象にした関連する領域からの研究の進展が期待されており，一方では，それに基づいた各専門領域の研究の深化や細分化，専門化と，他方では，学際的なアプローチにおけるものを含む総合化や体系化が重要であり，加えて，いかほどのものかは明示されていないが，それらのバランスが学問の進歩に不可欠であるということが読み取れる。

　学術分野の"細分化と専門化"については，生活経済学に関わる研究体系全体の中での個別分野をより一層細かな特定領域に範囲を絞って深化させたり，専門性を付与させたりするべく研究の発展を促すものと考えられる。もう一方の"総合化や体系化"は，そのような細分化と専門化とあわせて有用となるもので，生活経済学に関わる研究体系全体を俯瞰する中から抽出される固有の特徴ないし法則などを捉えて，理論化などの学術成果として結実させていくものと考えることができる。さらには，これら両者間の"バランスのあり方や取り方"についても，世上のニーズや経済的ないし社会的な影響度によっても変化しうるものという点も，その応用性・実践性が比較的に高いと考える場合には，より一層考慮することが求められる。

　したがって，前者においては，上で挙げられた家政学や厚生経済学，社会政策学をはじめ関連する各分野において従来から蓄積されてきた先行研究等を参照・活用した上で，理論的・実証的方法等の様々な方法論に基づいて認証される新たな知見を提起し付与することによってその実現が期待される。後者にお

いては，それら3分野ないし関連する諸分野の合流による新たな流れの生成と発展を含めて，何らかの観点や基準に基づいて展開される総合化の試みと継続が，個別分野からの研究・教育のシナジーを最大化して一貫性が形成され，まとまりのある研究成果として結実することが期待される。それは，個別の学際的・総合的な研究プロジェクトのような営為がもたらす研究成果から，それらの複数の成果を集大成するものまでが含まれるようになる。そこでは，基礎的ないし応用的ウェイトの如何にかかわらず学術的重要性あるいは社会的影響力など何らかの観点や基準，方法により重層的なものを含めた体系化の進展が期待できると考えられる。

## 第2節　生活経済・生活者の視点と地域について

### 1　生活経済と生活者

　生活経済と生活者については，いずれも身近な言葉であるが多様で奥の深い意味合いをもつ用語でもある。一般的には，ごく普通に用いられているが，生活と生活者を改めて取り上げる場合，まずそれらの用語の定義について今一度詳しく考えてみることが望ましい。世間では，生活とは暮らしを意味することが多い。例えば，『広辞苑』を紐解くと，生活をして，「①生存して活動すること。生きながらえること，②世の中で暮らしていくこと。また，そのてだて。生計」としているし，『広辞林』では，それと同様な意味に加えて，「働くこと」とも記している。このことから，生活者についても，このような生活を営むものということができる。

　英語には，消費者（consumer）をはじめ，市民（citizen）や人々・公衆（public），人々・国民（people）などの用語はあるが，生活者を意味する適語が見当たらない。誰もが日常生活をするからなのか，それとも何らかの他の理由があるのかは寡聞にして不明である。また，英語のlifeには，生命と生活などの意味があり，ラテン語のvitaにも生命や生活の含意を有することから，生命の維持すなわち生存に関わる活動が生活の基本的な役割と考えられる。

　それは，同時に，高度に分業化された現代社会にあっては，職業生活を営む

上での必要な心身面での活動エネルギー等の源泉を養い供給するところのものとみなすことができる。そして，前章でも述べたように，多くの人の場合，職業生活に関係する個人の生きがいや余暇活動のあり方，ひいては生活に関する質的量的水準などの考察にも及ぶものである。

家庭生活すなわち家庭での日常生活をもっぱらにする者と表現するケースはあるが，生活する者とは逆に，生活しない主体（人間）は存在するのか，という問いも生じうる。しかし，通常，上の意味においては生活しない主体はあり得ない。仮に，自らを一生，仕事漬けとか会社経営が趣味であり命であるという人もいるかもしれないが，現実には生活時間すなわち少なくとも生存などのために要する時間をいくばくか保有し費消しているはずである。

ここではこれ以上は立ち入らないが，いうまでもなく時間に関する議論には，「生存などのために要する時間」へのもう少し詳しい定義づけが付随することになる。一般的には，8時間労働のための1時間程度の休憩時間などといった就労において簡易に定義されるものとは別に，オフビジネスの時間において生活ないし余暇に要する時間が必要とされる。例えば所定ルール下での通勤途中における事故等の被害や被災には労災適用があるように，もし，あるレベルを超えて職業生活への準備として生活時間を充当するのであれば，職業生活の一部分に包括されることになろう。

生活者とは，すでに触れてきたように，政治・経済・社会・哲学・宗教・文化などの思潮や色彩を付帯させることで様々な定義が可能と考えられる。ただ，いかなる場合でも，個人ないし人々の生存主体ないし日常生活主体としての基本的営為の側面を重視した見方ということができるから，誰もが生活者として妥当する。そして，それぞれの生活者は，そのあり方や生活の仕方，方向性などにおいて必ずしも同一ではなく多様性を有している。

したがって，先ほどの生活者の英訳についても，単語では表現し難いのが現実ではないかと思われる。一方，human being（人，人間）におけるbeingには，生きているとか存在しているという意味があるため，ことさらに英語では生活者という特定の用語を必要としないのかもしれない。実際，生活しない人があり得ないゆえ，一般の人である市民や人々，個人，自然人（法人ではない）

が生活者に対応するところの言葉となることにほかならないであろう。とすれば，逆に，生活者という言葉を強調する表現や造語をなすように考えることも一法であろう。なお，一般的には，生活を英語では daily life, livelihood などとして，その主体についても属性的色彩は異なるが consumer, citizen, people などのように簡便に表現するケースが多い。このように，そこには，欧米における明文化されるような契約社会ではなく，自然を含む周りとの調和などに配慮して，チームワーク等にウェイトを置く独自の日本型の伝統的社会的文化的側面がいくばくか影響しているとも推測される。

つまり，消費者としての側面ほか諸々の個別的属性を包括して定義ないし表現する用語である，という見方もできるであろう。したがって，生活者を社会的経済的に詳しく定義づけして自立した人としたり，あるいは精神的に自立して自主的自律的に物事の判断や行動ができる人というように，何らかの条件を付与して限定したり，より広く成人とか生産人口ないし労働人口に属する者だけに限定したりして考えるのは，いずれも可能ではあるが必ずしも一般的ではない。[(4)]

このように，人には児童も含めて消費者としての立場や長じて勤労者ないし生産者としての役割など，社会での諸種の活動や機能に応じた属性を有するから，それぞれに対応する固有ないし共通の特性が存在する。これらに関する考察や分析とそのアプローチは，それぞれに専門的ないし学際的なものが準備・対応されて行われることになる。生活経済を考える根柢の概念には，すでに見たように，「生活あるいは生活者とは何か？」という問い掛けに対する答えが準備されることが重要であり，実際，先の辞書的な定義とは別に，論者によって様々な回答ないし解釈がなされている。そして，それらに基づいて生活経済に焦点を絞って調査・分析などのアプローチが展開されていくことになる。

経済学や経営学では，これを正面から取り上げて扱うケースは一般的ではなく，例えば合理的に行動する個人などのように，何らかの仮定のもとで取り扱われている場合がほとんどである。したがって，例えば消費者の目的が消費による効用最大化を図るとする場合の消費者には，合理的に行動することが前提とされている。したがって，衝動買いをして後悔する人は，その対象に入らな

いのである。

　直接のケースとしては，例えば仕事と生活，レジャーの価格ないし価値，シャドー・ワークの評価，消費生活，ビジネスとオフビジネス等に関するテーマ等においてそれぞれに展開されたりしている。なお，シャドー・ワークとは，市場取引対象でない労働のことであり，生産性などで所定レベル以上のものは市場評価分と等価とみなされる場合がある。また，消費ないし消費者行動にも心理的要因等を考慮することは重要である。

　もっとも，Simon（1945, 1957, 1997）のように仮定を緩めた形で限定合理性を用いて企業経営をはじめ，一層現実的な経済活動へ接近する試みを行った研究もあり，さらには実験経済学や行動経済学等の進展をみることができるようになったことから，生活ないし生活経済を研究対象とする場合には，その学際性の大きさなどに基づく各専門領域からの仮定緩和下での接近可能性も期待されている。

　生活経済や生活経済学について考察することは，その研究対象として生活そのものや生活者に関して一定の適切な条件を付した上で，すでに見たように生活の経済面およびそれに関連する領域を中心に研究することにほかならない。では，次に，実際に具体的なものは何かということである。生活経済学会では，そのHPで，「生活経済学の課題は，労働者・消費者等とは区別された『生活者』という経済主体を措定し，そうした生活者の広義の経済問題を生活者を取り巻く経済社会システムとの関係において分析すること」と指摘している。

　そこでは，生活者そのものに関しての具体的な定義が必ずしも明示的になされていないため，それぞれの研究者に自由な発想に基づくものを含めた定義づけを委任しているとも受け取られる。あるいは，時間の推移ないし時代の変化にあって，それによる限定的な意味を束縛したり固定したりはしないという意図があるためかとも推測される。

## ２　生活者の概念と歴史的観点

　これまで述べてきたように，「生活者」といった場合，それが一体誰をさすのかについては，はっきりした定義はなく論者により様々である。国民，市民，

消費者と何が違うのか。生活するものすべてを包括する言葉なら，人間と何が違うのか。これまでも様々な場面で議論されてきたが，天野（1996）は「生活者」とは誰かについて，系統立ててその歴史を紐解いているので，本節では，それを紹介しながら，生活者の概念について振り返っておきたい。そこでは，生活者とは，特定の行動原理に立つ人々，あるいは立つことを目指す人々の一つの「理想型」として使われているとし，その行動原理から生活者を分類している。「生活者」という言葉や考え方が，これまでの思想や運動のどのようなジャンルで生み出されてきたのかを，①生活文化論，②消費社会論，③「新しい社会運動」論，の三つに分類し，「生活者」の時代的変遷をまとめているので（表 1 - 1），それに沿って見てみよう。

「生活者」という言葉は，劇作家である倉田百三が「生活と文壇人」(1926) という評論に連載したのが最初と思われるが，倉田は「生活」とは煩悩や無秩序，侵犯といったカオス的な俗の世界であり，「生活者」とは，そうした俗に抗してストイックな倫理で自己を律していく求道者を意味し，「道」を究める宗教者としての意味で用いていたため，現実の「生活文化」の担い手としての意味合いで使われるようになるのは1930年代である。

戦前・戦後を通して，生活は主たる思索や探求の対象にはなり得なかったため，日本の知識人は，「生活」や「暮らし」という事実のもつ重要な意味に気づいて取り上げることはほとんどなかった。そのような中，1930年代後半から1940年代にかけての戦前の生活者論者は，厳しい戦時体制下の国策として枠づけられた「生活」と一定の距離をおく人々の中に生活者の姿を見ようとした。「生活者」の基底には，日々生きる場である「生活」への自覚がある。民衆を生活文化（従来の文化生活と対比。生活を形成していく形式）の担い手として，日本社会の現実を生きる生活者として捉え直そうと試みた。また市井人の中に生活者の姿を見出そうとする考え方もあった。市井人とは，自分で自分の生活を組織し運行する人々をさし，生活者像の最も原初的な姿といえる。

次いで戦後の混乱期は，まさに人々が「生活」という苦しさと楽しさを体験する時代であった。この時代，今和次郎を代表とする独自の生活文化論が起こる。彼は生活の窮乏期に，生活を労働力の再生産活動にとどまらない余暇活動

**表1-1 「生活者」概念の系譜**

|  | 時代 | 社会層 | 対置される概念 | 行動（運動）原理 |
|---|---|---|---|---|
| 三木　清 | 戦時体制下 | 農民 | ・受動的「文化生活者」<br>・文化人<br>・国民 | ・時局の要求する生活から自律的な生活を目指す生活創造者<br>・生産的文化の担い手<br>・時代と歴史の主体者 |
| 新居　格 | 戦時体制下 | ・中産階級以下の人々<br>・市井人 | ・中産階級以上の人々<br>・知識人<br>・帰属人 | ・「自分で自分の生活を組織し運行して行う」人々<br>・自由と相互の連帯性の重視<br>・小地域主権・反中央志向 |
| 今和次郎 | 戦後混乱期 | 勤労者 |  | ・活動「総体」としての生活主体者<br>・生活の変革者 |
| 思想の科学 | 戦後混乱期 | ・「ひとり」の大衆<br>・非職業的哲学者 | ・大衆の「ひとり」<br>・職業的哲学者<br>・人民大衆 | ・自前のことばと思想を創出する「個人」<br>・小状況の決定者 |
| 溝上泰子 | 高度経済成長期以前 | ・女性農業従事者<br>・底辺生活者 |  | ・生活の中で問いを発する「個人」<br>・生活責任の主体者<br>・差別の根源に対する挑戦 |
| 大熊信行 | 高度経済成長期 | 特定せず | 消費者 | ・生産と消費の統一体としての「生活」主体者<br>・生活における「必要」と「欲望」を確定する<br>・生命の再生産価値・使用価値の重視 |
| ベ平連* | 低成長期 | 特定せず | ・職業政治家<br>・平和運動専門家<br>・労働者<br>・消費者<br>・国民 | ・自らの「生活現場」からの発言<br>・個人の自発性と責任のみに立脚する運動<br>・受難の体現者の苦痛を自らの責任とする「共感」の重視 |
| 生活クラブ** | 現在 | 都市中間層 | ・消費者<br>・国民 | ・既存の秩序と価値に対抗的な視点<br>・「共」的空間としての地域重視<br>・競争ではなく協同価値の重視<br>・自らが環境内存在であることの自覚化<br>・関係性としての自由な横議横結 |

\*　ベ平連：「ベトナムに平和を！市民連合」の略。1965年に小田実，鶴見俊輔，開高健らを中心に結成された反戦運動グループ。1974年に解散。
\*\*　生活クラブ：「生活クラブ生活協同組」。生協運動のニューウェーブ。1965年東京の牛乳共同購入グループから始まる。
（出所）　天野（1996）231頁。

や精神活動までを含む「活動の総体」と捉え，その全体としての生活を「よりよいものに」という自覚のもとに生活の質を問う人々の中に生活者像を探ろうとした。人々の具体的な「生活」の事実に着目することから生まれたのが今和次郎の「生活学」である。今和次郎の考え方は，消費者を否定する大熊信行や生活クラブの運動へと引き継がれることになる。同時期の「思想の科学」運動は，生活者である「ひとびと」（「大衆のひとり」ではなく，「ひとりの大衆」）の思想に焦点を当て，「生活」の必要から生みだされる思想の担い手を生活者として捉えようとした。この考え方は，その後，ベ平連や生活クラブの生活者運動の視点として引き継がれるとしている。また，都市型社会における中流階級の生活者ではなく，山陰地方の農村での底辺生活者に注目する考え方も現れた。

　1960年代以降の高度経済成長期に，社会科学の領域ではじめて，生活者の概念を「消費者」概念に対置し，それを超える概念としたのが，経済学者の大熊信行である。彼は大衆消費社会の営利主義的な戦略の対象としての「消費者」に対置し，生活を営む上での基本的な価値を交換（貨幣）価値ではなく，使用（生命）価値に置く人々の生活態度の中に，生活者像を求めようとした。彼はすでに戦前期に，経済学をはじめとするすべての学問が，科学的な考察以前に人間をその生活において考察し，生活実践者である「生活者」の具体的な日常性を見つめることの大切さを指摘していた。つまり，学問を常に生活の現実から構想しなおそうとしていたのである。「生活者」は，生産と消費を統合する主体，自らの「欲望（want）」と「必要（need）」を識別する主体という意味で使われている。

　その後1960年代後半から70年代の低成長期に，生活クラブでは，「生活者」へと自らの生き方を変えていく「運動」から出発し，生活者の思想を紡ぎだそうとした。彼らは自分たちを商品に依存する「消費者」とは呼ばず，労働し生産する能力を秘めた「生活者」と呼ぶ。つまり，消費，労働（生産），政治の全領域での主体性を統合的に表現する概念として使っていた。

　以上のように，「生活者」という概念は時代とともに様々な意味が含められて使われてきた。天野が取り扱ったのは，この時代までである。しかし通底しているのは，それぞれの時代の支配的な価値から自律的な，いいかえれば「対

抗的(オルターナティブ)」な「生活」を隣り合って生きる他者との協同行為によってともに創ろうとする個人—を意味するものとしての「生活者」概念である[8]。

　1973年10月のオイルショックを機に日本は低成長経済へと移行し，その後，政府の経済大国から生活大国への政策転換も行われ，量的な生活水準の追求から質的なそれへと変化してきた。家計管理面でも，勤労所得のベースアップ(基本給体系の上昇)の縮小や金利選好の高まりなどの変化に加え，従来型の収支管理中心からALMも含めたものへと拡充した。公害問題等を機に企業の社会的責任をはじめ政府・地方公共団体のあり方や行財政面ほかの改革などが議論され実施された。貿易自由化の進展のみならず金融自由化を含むサービス貿易の自由化が進められ，流通・運輸等でも外資系企業の活動ならびに競争が国内外の市場で拡大した。商品の開発・販売へのマーケティング活動に消費者が参加し，やがてITの進展さらには商法改正で会社法等による起業の増大や小規模事業者のインターネット利用による販売拡大等が観察されるようになった。1985年のプラザ合意以降，わが国ではバブル経済の形成と崩壊による長期不況ないしデフレ(deflation，継続的な物価下落)基調が続いたが，近年ようやく景気回復軌道に乗せてきたところである。

　このように，高度経済成長と発展が国民所得水準の上昇をもたらし，日本では1億総中流社会とさえ呼ばれた。生活者の消費・生産・経営・資本への参加・参画が広がり，雇用・労働面や家計管理面など生活経済に関して多様化が促進された。その中にあって，企業活動の発展と並んで各種の協同組織による事業体の活動も拡大・発展してきた。また，NGO(非政府組織)とNPOの台頭や行財政改革の進展，公共部門・民間企業部門・家計部門の区分と役割の再検討などの動きとともに，新たに市民団体や市民部門という言葉が登場するようになった。消費者市民ないし生活者市民としてのあり方も，検討されるようになった。これは，基本的には市民権に基づく市民としての身分・権利や法制的ないし現実の状態，技量・責任・職掌ということから市民性ないし市民意識，市民としてのあり方，その意思決定や行動規範といったものまでを広く示唆するところのシティズンシップ[9]という用語からきている。この用語は，特に，企

業のガバナンスに関連して普及したが，そのコーポレート・シティズンシップに対応して，生活者のケースについても応用して考えることができる。中でも，生活者の身近な一側面である消費者ないし消費生活者の場合ならば，コンシューマー・シティズンシップの用語と意味合いが対応することになる。(10)

### 3 地域と生活

①地域とのつながり

ここでは，生活とその活動の基盤が，通常はいずれかの地域に立脚したものであるということからはじめて，それをベースにしながら近時における諸課題についてまで問題提起の意味を含めて考えることにしよう。(11)

古来からも生活については，民の竈(かまど)などの表現で登場したりしてきた。それは，人々の生存や生計を維持すること，さらには人々ないしその集合である何らかの組織や集合体がそれを保障するシステムを包括して広義に解釈されてきた。そこでは，移動型であれ定住型であれ，基本的にはある所定の地域をベースにして衣食住を必要とし，これを用いて営まれる日常のありようないし体系が生活の定義づけに関わる要因の一つということもできる。

通常，夫婦ないしその子・孫などの血縁や地縁，社会縁に基づくメンバーから構成される家族や親族，共同生活グループなどによるもの，換言すれば単身者家計を含めて家庭生活ないし共同生活における者の営みと考えられる。それは，かつてTönnies（1887）が主張したところのゲマインシャフト的(12)生活であり，基本的には地域に立地し，地域社会で営まれるのが通常である。近年では，わが国でも里親制度の拡充等も政策的に打ち出されるようになっているが，それも行政的にはともかく受入れサイドからすれば拡大家族ないし家族同然のつながりを基本とするものといってよいであろう。なお，ここでは，学校生活や職業生活などのケースには立ち入らない。

交通機関の発達した現代では，新幹線利用の遠距離通勤・通学なども可能で増加しているが，逆に職住接近タイプのケースも選好されるなど多様化が進んでいる。それは，個人ないし家族としての時間や機会費用，その経過がもたらす効用ないし満足度への選好の結果とみなすことができる。いずれにせよ生活

は，日常の家庭生活や職業生活の費消時間数の多寡にかかわらず，地域という地理的空間的な場と独立ではあり得ない。

②地域の社会環境とその変化

(1)地域社会環境の動向について

　地域の環境とその変化は，直接的に生活に影響を及ぼしうる要因の一つである。まず，その背景としては，地域における社会環境とその変化が挙げられる。もっとも，地球温暖化問題や自然災害などは，特に自然環境についても配慮すべき重要課題であり，防減災など自然環境の動向には社会的政策的にも影響するため大いに留意すべきものがある。さらに，安全・安心で快適で便利な住環境との関連における諸施策も必要であり，例えば熊本地震ではじめての2度にわたる連続的で大きな前震と本震の発生ケースでは，全国の震源予想地域での耐震基準や対応政策等を各方面で再検討・策定する必要性が提起された。ただ，ここでは，主として社会環境面について取り上げることにする。

　わが国では，少子高齢化をはじめ，一部の都市圏地域を除きほとんどの地域の人口が自然減少と社会的減少にある。それに起因する集落から自治体までの消滅問題，雇用・所得・行政サービス等における地域間格差，通信情報化の進展や交通・交流体系の革新や変化，ネットワーク化の多様性の進展とその影響などが，日頃から何かにつけて指摘されるようになった。それは，一般的にも地域における人口減少や財政難等による公共財供給問題ないしシビルミニマム不充足，あるいは地域での社会インフラ整備とその更新にかかる財源問題などの諸制約とその負の相乗効果などということもできる。そのため，例えば財政制約の大きな夕張市などのケースを見るまでもなく，生活の質的量的水準をめぐる"足による投票"の場合も含めて，地方財政ないし税制度の改革から，例えば道州制の検討などに及ぶ行政制度改革までの諸テーマは，地域住民にとって大きな関心事となっている。

　他方で，地域住民が有償ないし無償ボランティアなど様々な形で直接的に行政ないし公的サービス供給に参画・参加する方法も考えられる。人件費等の節減効果から地方財政改善に寄与するとともに，住民個人の社会貢献意識等にもプラスに作用するであろう。そこでは，基本的な公共財サービス需給をめぐっ

て，地方行政組織とその費用や運営のあり方，租税負担ないし地方税制のあり方に至る検討にもつながる効果が期待できる。

　これらに介在するいくつかの要因の中には，そのまま地域社会の課題とみなされるものもあるし，それらとの関連で生じたり拡大されたりするものもある。例えば特別養護高齢者施設問題や保育所等の待機児童問題など，一般的な医療・介護問題やワークライフバランス問題ないし雇用・労働政策上の諸課題がそうである。さらに，過疎地方地域や都市中心地域に居住する独居高齢者などのいわゆる買物難民問題から，低所得者層における金融排除と包摂問題などにいたる様々な深刻な事象が指摘されている。それは，急速に進むわが国の少子高齢化のもとでも，とりわけ定常状態に至るこの過渡期にこそ乗り越えねばならない重要な課題といってよい。

　しかも，これらの多くが地域社会の構成者である個々の住民や自治体，企業ないし地場産業，NPO等の手に余るものであり，財政を含む国レベルまでの広域的な行政や民間企業部門そして国民全体が関与・参画して検討し実施すべきものとなっている。その意味では，18歳以上の若者に選挙の投票権保有を拡大して現状認識を一層惹起させる機会を付与したことは，小さな一歩前進といえよう。

(2) 人口動向の影響について

　多くの将来ビジョンなどでは，先の消滅自治体などといった表現での悲観的な論調が目立つ面もある。ここでいう悲観的とは，かつて高度経済成長期に観察されたような地場産業のパフォーマンスや，里山の景観と農林漁業の営み，[13]さらには地域社会における人々の活動ぶりとの比較において，人口減少等の地域社会活動の停滞やマクロ経済面での景気低迷基調を感じての主観的ないし客観的判断や感想によるものである。いうまでもなく人口の自然減少の場合もあるが，一般的に多くは雇用や所得面からあるいは社会的インフラや行政サービス等での他地域，とりわけ大都市圏との諸格差に基づいて生じる労働などの人口移動に伴う現象が主要な理由の一つとして存在する。

　ただ，従来から観察される人口移動等の現象が示すように，それが社会的な一種の市場メカニズムを反映していると見ることも可能である。つまり，人々

の任意の意思決定に基づく行動が一応は合理的に行われると考えられるなら，その居住立地に関する選好や選択の結果として，"足による投票"がもたらした現象にほかならない。したがって，その意思決定に関係する諸要因や条件とその設定を変えたりして，それらに影響を及ぼすものを変化させたりすることでないと，事態を改善する見込みは小さいものとなる。低成長経済下で財政制約の強い現状では，全国の一律的な取扱いを国ないし広域的行政の改革へ期待することは可能であるとしても，各地域自らの独自性ないし地域特性に依拠したデザイニングと取組みも不可欠とされる。

ある意味では，現状の推移状態への対応として，それが消極的か積極的かは事後的に判明するのかもしれないが，現状の推移条件を所与として将来のありうる状況に先手を打つような政策をあらかじめ準備して取り掛かることも必要である。一つには，"足による投票"行動を一種の市場メカニズムに対応したものと捉えて，推移状況を円滑化したり推移先の状況を改善したりすることである。

もう一つは，既存住民および潜在的な新規の住民の意見開陳・交流とコンセンサスを図りながら居住環境の改善や地場産業振興等による雇用条件の向上などに努めることが指摘される。現在採択されている地方創生政策もその一つであり，そこでの各手段の有効性が問われていると同時に期待も寄せられている。

すなわち，総花的ではない重点的な方針と戦略が，それぞれの地域特性に応じて求められている。また，東北の被災地域でも話題となったコンパクト・シティ構想などのケースも，その一例として評価することができる。もっとも，現在のニーズへの対応のみでは不十分との見方もあって，遠い将来や自然環境面など他の諸条件も考慮に入れるべきとする指摘もある。[14]

(3)格差問題について

地域間格差については，例えば高齢者における買物難民という課題でも地域間で差異があり，過疎地域などの人口減少地域ほど流通コスト高などの制約も含めて，その程度が深刻になる傾向を示している。現状では，単なる市場経済下での解決策を見出すことは困難とされているから，行政やNPO等を含めた対応や工夫が求められている。ただ，試行段階のものも含めて，ドローンの活

用やロボット，AI等の技術進展によるイノベーション等に基づいて製造工業分野のみならずサービス産業分野の生産・供給での活用促進と発展が見込まれる。特に，わが国におけるものづくりの領域では，オイルショックなど多くの制約を克服してきた経験と実績をベースにした取組みとそのサービス分野への応用に大きな期待が寄せられている。

なお，AI産業の発展や各種の技術革新も含めて，これらのイノベーションは，諸課題のうちの少子高齢化や人口減少等の問題に対する労働力供給に資することも確かに期待されている。しかし，倫理的諸問題をはじめ従来から指摘される社会的費用や文化的摩擦，多文化共生社会の視点を含む移民問題や，若年フリーターの正規社員化問題等とも関連するものである。

家計に関しても金融排除と包摂の問題では，サービスへのアベイラビリティとそのコストに関わるところがクローズアップされてくる。そこでも，アクセス，特に居住立地条件面での制約が関係するところも少なくない。それは，生活者である地域住民の選好と効用に加えて私的ないし社会的費用等をいかに評価するかという問題であり，同時に，社会的インフラ整備・更新の範囲ないしシビルミニマムのレベルや種類についてもいかに設定するかの問題でもある。

高齢者のみならず中堅ないし若手勤労者で地方から都市部へ移住した人たちにとって，かつて住んでいた地域社会が移動したり消滅したりすることは，心情的にはマイナスの効用をもたらすかもしれない。ただ，場合によっては，家屋等の物的資産はなくなっても自然は残り，人々のつながりや社会性そのものは必ずしも消滅せず移動先に概ね移転し存続することも考えられる。現状のままだと，物的資産も人とのつながりも両方がなくなってしまいかねない。それを阻止して従来の状況を維持する場合にかかるコストは，社会的費用も含めると住民の満足度とは反対に莫大なものになることが予想される。かつての高度経済成長が再度実現すれば税収も飛躍的に伸びて公的資金での対応も期待されうるが，現状ではまさに不確実な期待にすぎないとみなされる。

このように，地域社会の将来像について，従来の路線を継承するのか新たな方向性を目指すのかは，まず基本的にはそこに居住する人々の選択に依存している。地方公共団体ひいては国政レベルでの地域の代表者（議員）の選挙も活

用されるべきものである。その意味では，先にも触れたが，低下する若年層人口比率の時代であるがゆえに，18歳以上の者に選挙での投票権を付与したのは意思決定に参加できる範囲を拡大し，以って若年層が地域社会への統治ないし政治に関与する意識と関心を高める機会を増やしたことから好ましいことであったといえる。

インフラ面でいえば，先のコンパクト・シティ等の援用も提起されてきたが，まずは ASQ（Analysis of Status Quo，現状分析）をベースにして，いずれの方向性が費用対効果も含めて住民の選択肢の基礎資料として提供されるのかが重要である。地域社会によって様々な対応や方向性の選択がなされるから，多様な将来ビジョンが観察されるようになるであろう。実際には，地方創生という法律制定を含む諸種の動きより先んじてすでに進行中のものも少なくない。これまでのところ，ほとんどの地域社会は数十年ないし一つの世紀までといった一過性のものではなく，永続性を有する共同体であることが前提とされてきたのである。

③地域生活とサステナビリティ

地域社会での生活がサステナブル（持続可能）であるためには，地域を包括する一層広い場すなわち広域地方ないし国レベルでの諸種の生活インフラの整備と更新が重要となる。そこでは，住民の生活に直接的間接的に影響する生活基盤の整備とその更新をめぐる財政を含む制度的実体的諸条件の充足が求められる。それは，いわば生活の永続性に対する必要条件であり，生活コストを含めて生活の質の向上や永続性の評価等を考慮する際の基準となるものである。その中で，特定地域の居住集約化が図られることも可能な試みとなる。

いわゆる地域社会の存立基盤の一つには，経済性に基づく生活の維持と存続の可能性が大きく関わっている。職業選択や雇用の確保，産業ないしその活動の立地等である。昨今の地域振興・再生への取組みや近時における地方創生等の諸政策も，地域社会のそれぞれにおける多様性や安定性をいかに保証しつつ維持させるか，そしてもし可能ならば発展へつなげるかの課題に対応するものである。しかも，全体としての発展像を描くことは厳しくなり，むしろ部分均衡的な発展を探るという理念のほうが，より現実的と考えられる。なお，特定

地域のみならずグローバルな特に地球レベルへの敷衍については，例えばラトゥーシュ・アルパジェス（2010）などのいうグローバルな制約の指摘もいくばくか興味深いものがある。

　それぞれの地域社会における固有の文化や生活態様，さらには生活設計等においては，地域特性がありかつ存在感を示しうる。ICT 等の情報化の進展下では，社会的インフラ整備と相まって地域立地にかかる情報劣位への対応は，従来ほどのものではなく軽減されてきた。しかし，個人ベースでの懸念は，特に高齢者層の多くの人が抱いているものと思われる。

　生活者主権に必須とされる意思決定への情報管理能力とその水準は，生活者による地域運営と政策スキームへの参画や実施そのものにも大きく関わってくる重要な要因の一つである。

　Maslow（1943, 1970）を参考にすれば，個人の人間的な発達や職業人としての成長に基づく点で関心が高いが，ひるがえって生活との関わりに視点を移せば，家庭生活ないし地域生活の中での役割分担などに基づく自己実現などの欲求充足も可能と考えられる。そこから，生活者部門としては，社会活動への人材やヒューマン・パワーないし人的資源や労働力の供給基地的存在と見ることもできる[15]。それは，生存のためのみならず健康で健全・安全な日常の過ごし方や営為そのもの，個人の発達・成長，さらには修学・研修などの自己投資，エンパワメント，社会貢献等々のベースを提供するところでもある。

　先にも紹介したように，生活経済学会の HP では，「人間的側面ないしそれに帰属する諸要因や思考・行動様式が生活といかに関わっているか，その在り様などに関する研究の重要性」を指摘している。多様な側面のうち，生活には消費が不可欠ゆえ消費者，生計費予算の源資稼得面で生産者ないし就労者（もし自給自足生活ならマーケットベース〔市場生産額〕に不算入の自営的勤労者ないしシャドー・ワーク担当者）あるいは証券投資家等を含む貯蓄者ないし不労所得者，年金生活者，納税者等が関係するポイントとなろう。続けて，HP は，「現実は細分化・専門化が進みすぎており，経済学でも計算合理性に長けた『経済人』が幅を利かせ，生身の人間，『あるがままの人間』が後景に退いています。生活経済学会はそうした現状を改善することをその目的の 1 つにしてい

ます」としている。これらの考え方の大要については，近い将来にわたっても特に異論は生じないものと思われる。

　生活に関する経済的側面への補足としては，いわゆる経済学ないし経済科学が従来から取り扱ってきた様々な研究教育の対象と方法論による取組みないしその援用が可能という点である。例えば，生活資源の配分問題や家計の所得再分配問題等についてはもちろんであるが，少子化や高齢化，限界集落・自治体とコンパクト・シティ計画など人口動態に関連する諸問題や教育による格差定着問題，介護から医療福祉に関わる諸問題へ適用ないし応用する多くの取組みが行われている。とりわけ戦後における国民主権の概念の基本的ベースには，憲法も謳うように所定の文化的水準で平和で安全な生活の営みを可能とするような社会環境と制度的インフラのもとでいわば生活者主権が達成される状況が期待されている。

　したがって，そこでも，生活者の意思決定とそれに必要な情報およびその管理のあり方が重要となってくる。さらに，生活者や家計の効用等を考える際には，先述したように，関連する隣接学術分野との連携が重要で有効になる。家政学や心理学，教育学などに加えて，例えば，豊かさや幸福などについてもその指標を含む再検討をはじめ，年金問題やライフプラニング（生涯計画作成ないし生活設計）について家計の特に主婦や学生の労働供給等では，家族社会学など隣接諸科学領域の知見が必要かつ有効となるケースが考えられる。

　それとの関連においては，先述したマズローの議論での自己成長とは別に，他者との関わり方とりわけ他者への貢献という評価軸が考えられる。すなわち，家族や周りの人をはじめ地域での他人や社会に対する配慮ないし貢献に基づく満足・効用や，尊敬等の正の評価ないしレピュテーション（評判）がもつインセンティブとインプリケーション（含意）も検討され評価されてよいものである。

　また，これまで見てきたような考え方や思潮ないし方法論に関する応用面では，研究教育の領域で従来以上に一層具体的な生活経済（学）教育を学校教育でも発達段階に応じて展開されることが，当該分野の発展のみならず個人・家計部門の消費選択等を含む経済行動での意思決定に資する意味でも必要かつ有

効な対応と考えられる。

## 第3節　生活の豊かさへの視点

### 1　生活の豊かさについて

①定義と基準について

　生活の豊かさについては，すでに序章や本章でも触れたように，何を以って生活および豊かさを定義するのかが問われることになる。そこでは，所得や消費・貯蓄，資産・負債等の経済的基準から費消ないし裁量の可能な時間の多寡や，生きがいや自己実現のレベルなどが考慮されることになる。同時に，それらをもたらし得る機会の付与を可能にし，個人の社会性・協同性・貢献性を養成し得る社会的制度的条件や，医療・介護等を含む福祉制度の利用可能性などまで，個人レベルから社会レベルのものまでの諸要因ないし基準とその範囲などが関係するものとして考えられる。

　周知のように，生活には，通常，人々の暮らしや生計があり，その質的および量的なレベルについても様々に取り上げられてきた。再度辞書的な解釈を用いれば，生活の質に関しても，クオリティ・オブ・ライフに同じとして，「生活を物質的な面から量的にとらえるのではなく，個人の生き甲斐や精神的な豊かさを重視して質的に把握しようとする考え方。医療や福祉の分野でいう。生活の質。生命の質。[16]」としている。

　そして，実際にも近年「豊かさ」の意味は大きく変わってきた。「豊かさ」は，これまで主として経済的側面から国レベルの例えばGNPの増大をはじめとする経済発展・成長や個人ないし一人当たりのGDPや可処分所得などの経済生活の豊かさなどとして語られることが多かったが，経済的価値観だけでは真の豊かさを捉えられなくなってきた。暉峻（1989）[17]は，従来のモノやカネ中心の豊かさに対して，身体，感覚，感情面を感じさせることができる科学，技術，生産のあり方を考え，それらを統一して，他者との共存の中で生きるところに，豊かさを見出せると述べている。いずれにせよ，物質的豊かさや経済的側面だけで，豊かさを測れなくなったことは事実である。

これまで生活の豊かさを測る指標として，1960年代以降，各機関によって様々な生活指標が作成されてきた。1970年から国民生活審議会を中心に開発されたのが，経済企画庁の「社会指標」（その後1986年「国民生活指標（People's Life Indicator）」，1992年「新国民生活指標」に名称変更）である。ここでは「国民」という言葉が使われているが，これが国民全体なのか，個人なのか，地域なのか，指標がどのシステムの豊かさを対象としているのかは曖昧である。1992年には「生活大国五カ年計画」が，経済全体の豊かさと，豊かさに対する個人の実感との乖離の是正のため計画されたが，この視点は，「新国民生活指標」には活かされず，1995年には「構造改革のための経済社会計画」へと変更され，生活者の視点は消えてしまった。政府機関が作成した指標は，いずれも豊かさを測るという目的は同じであったが，真正面から「豊かさとは何か」について論じることはなかった。一方，連合総合生活開発研究所は豊かさの概念とその基本構造を把握することを重視し，個人の生活状態の指標である「生活の豊かさ指標」を開発した。個人の豊かさの指標とした点は評価できるが，しかしこの指標も個人という単独のシステムのみを対象としており，個人の豊かさの追求は，必ずしも真の豊かさを意味しないと考えると，生活全体の豊かさを示したものとはいいがたいであろう。

　②生活の価値について

　「生活の価値」から見た豊かな生活の必要条件は何であろうか[18]。豊かな生活の基盤として安心を考えると，生活者の安心は，「生活の価値」から定義することができる。なぜなら，「生活の価値」は，欠かすことができない生活の必要条件と考えられるからである。そしてこの必要条件が満たされている生活を「豊かな生活」とし，その必要条件として「安全」「公平」「自由」の三つが設定できる。安全とは，安全の保障を意味し，生存することが消費者の基本であることから，生命・健康を侵害されるおそれがなく，安心して暮らせることを意味している。公平とは，公平の確保を意味し，経済的社会的機会の平等など人間としての平等な状態が保たれることである。自由とは，自由の保障を意味する。人は誰しも自由に選択・決定し，自由に暮らしたいと願っているため，自分の意志で決めた生き方ができること，自己実現の機会が十分与えられてい

ることをさす。これら三つの条件は同じレベルのものではなく，優先順位は安全，公平，自由の順である。また，それぞれは立体的関係にあり，安全がベースにあって最上部に自由がくる。これら三つの条件が揃っている生活を，安心な生活，豊かな生活と定義づけることができよう[19]。

　今後は，生活全体を包括的に捉え，豊かさを考えるための基本概念とそれに従った方法論を示す必要があろう。そして持続可能な社会を築くためには，一人一人が持続可能な社会に寄与しうるライフスタイルを自己責任で獲得する必要がある。その場合，ライフスタイルの形成に影響がある情報が大きな意味をもつと考えられる（第6章第6節参照）。生活指標も情報の一つであるが，今後は，ライフスタイルを規定する情報環境を整備し，そして私たち生活者の情報リテラシー（情報処理能力）を高めることが重要となってくると考えられる。

　生活者の感じる豊かさには，主観的な要素も多く関わっている。例えば，日常生活はもとより，職業やライフワークの遂行などから受けると思われるところの幸福感などにも少なからず依存している。また，それぞれの意思決定とその結果などにも影響されるから，情報の多寡ないし情報管理水準とその能力なども少なからず関係する要因となり得る。

　これまでの序章および本章における生活とその豊かさに関する諸論点の中から，いかに豊かな生活を実現し維持できるかについて考える際のベースとなる項目やヒントが様々多様に導き出されることを期待したい。ただ，生活者としての主体性を保持しながら生活環境要因や諸条件の改善に努めることによってはじめて見えてくるものもある。さらに，政策への関与をはじめとして，必要に応じて適宜適切な方法によるモニタリング（監視）活動の有効性を認識することで応用可能性を把握できることもある。そのため，制度的改革や自主的な組織づくりなどと，そこでの諸活動の働きかけや推進といった実践性も大いに求められる。

　このように，生活者としての主体的な思考や判断，行動などの基盤となるものには，少なくとも知識や知恵などを用いる個別的で具体的なケースに対応した諸能力が求められる。それには，個人の経験則のようなものから形成されるところも大きいが，ベースとなるのは教育の果たす役割が重要と思われる。そ

こで，次項では，生活関連の教育に関する考察を試みる。

## 2　生活者と教育

①生活・生活経済と教育

　これまで述べてきたように，生活とは生きるためのものであり，暮らしそのものである。豊かな生活のためには，その主体が天賦の才覚で実行可能なケースもあるが，ほとんどは学習活動等の後天的に努めることによって獲得される知識や知恵，知見等に負うところが大きい。生活者と教育を考える場合にも，生活者としての必要十分な資質を備えるために何をどのように教え育てるかが検討されることになる。そこでは，まず，生存への条件や生活環境条件などに関する知見とともに，生活者としての主体均衡を考慮した意思決定や行動様式がいかなるものかについても触れることが望ましい。

　生活教育という言葉については，学習者の生活経験を中心とする教育のほか，知識中心・教科書中心の伝統的な教育に対する新教育の主張，という解釈もあるし，児童や学生の現実の生活に必要な知識・技能・情操の形成を目指す教育との説明もある[20]。これまで考察してきたように衣食住などをはじめとする生活全般にわたる広範な領域についての教育は，人の発達段階に応じて既存の教育課程や各教科の担当する領域・分野との調整の上で計画され実施されるものである。中でも，生活資源の配分や使用・活用に関するテーマは，各家庭レベルから社会全体の家計部門までを考慮する場合，特に重要な役割を果たすものであり，それは特に生活経済の領域でカバーされるものである。

　それゆえ，生活経済と教育を考える際には，学校教育や家庭教育，社会教育等に関わる教育制度とそのあり方から，教育方法や担当者，教材にいたるまでの吟味・検討が不可欠である。ただ，それ以上に，何よりも生活者の資質とその涵養における教育のねらいを踏まえた上で，自主的・自律的さらには内発的な教育の重要性に鑑みて，自ら学ぶ，仲間に教える，皆で議論することなどを通じて実現の道を歩むことができると思われる。

　主要な分野内容については，衣食住生活全般や生活経済のほか，生活に関係するところでの医療・厚生・福祉・家族・家族関係・地域社会・文化・コミュ

ニケーション等，生活ないし生活学に関するところの生活教育ともいうべききわめて広範な領域が考えられる。そのほか，経済教育ないし経済学教育に限っても小・中学校の社会科や高校での政治経済に関する教科をはじめ，大学での経済学・商学・経営学といういわゆるビジネス系諸学部で担当されている。そこでは，消費や価格，所得，貯蓄，投資，金融，財政，貿易，労働，流通，マーケティング，会計，暮らしと経済，消費者行動などに関する様々な領域で多くの科目がある。さらに，消費者教育や金融教育については，諸機関や団体等も参加する形のCSR（Corporate Social Responsibility，企業の社会的責任）活動等を含めて社会教育の一環としても行われるようになってきた。

一般的な教育の場については，人の発達段階に応じて家庭教育から始まって実質的な保育所や幼稚園等を含む初等・中等・高等教育段階等からなる広義の学校教育や職場での教育・研修，公民館やインターネット関連等を含む生涯学習教育などの社会教育といったものが利用可能となっている。これらのうちいわゆるフルタイムの教育サービスの需要者にとっては，学校教育が身近でかつ重要であり，最も多くの人がこれを受けてきた。

②学校教育と生活者

わが国では，学校教育において生きる力の涵養に資するために，小学校過程で生活科が設置されている。これまで見たように，時代とともに生活者の意味は変遷してきたが，天野（1996）は生活者を，①生活の全体を把握する主体，②静的な形態ではなく，「生活者」へと生き方を変えていく一つのダイナミックな日常的実践，と定義している。近年，生活が便利かつ複雑になったことで，天野がさす，②「生活者」へと生き方を変えていく日常的実践，つまり生活する力，生きる力が薄れてきている。そのことが顕著に示されたのは，2002（平成14）年度から実施された学習指導要領において，「生きる力」を育むことが理念として打ち出されたことである。

「生きる力」を育むという理念のもと，知識や技能の習得とともに思考力・判断力・表現力などの育成を重視する教育が打ち出され，知・徳・体のバランスが重要であるとした。そこでは，①確かな学力として，基礎・基本を確実に身につけ，自ら課題を見つけ，自ら考え，主体的に判断し，行動し，よりよく

問題を解決する資質や能力，②豊かな人間性として，自らを律しつつ，他人とともに協調し，他人を思いやる心や感動する心，③健康・体力として，たくましく生きるための健康や体力，の三つを掲げ，それらを併せ持つことが「生きる力」と定義づけている。

　これまでの教育では，与えられた情報を，できるだけ多く短期間に理解し，反復することが期待されてきたが，「知識基盤社会」では，幅広い知識と柔軟な思考力に基づく新しい知や価値を創造する能力が求められる。これからの社会を生きる子どもたちは，自ら課題を発見し解決する力，コミュニケーション能力，物事を多様な観点から考察する力（クリティカル・シンキング），様々な情報を取捨選択できる力などが求められている。

　この「生きる力」が教育の場に具現化されたのが，1989（平成元）年に創設され，小学校1年生と2年生に設定された教科「生活科」である。2008（平成20）年に改訂された「学習指導要領」の生活科の教科目標は，「具体的な活動や体験を通して，自分と身近な人々，社会及び自然とのかかわりに関心をもち，自分自身や自分の生活について考えさせるとともに，その過程において生活上必要な習慣や技能を身に付けさせ，自立への基礎を養う」ことである。つまり，生活科では「具体的な活動や体験を通して，自立への基礎を養う」ことを重視している。学年の目標は2学年共通で，四つの項目から構成されており，低学年の児童は，具体的な活動を通して思考するという発達上の特徴に沿ったものとなっている。また，児童の生活圏を学習の対象や場にして，直接体験を重視した学習活動を展開するとしている。

　これらの内容を授業で展開する場合，例えば自分自身のことについては，身体，健康，持ち物，小遣い，食事を題材とすることができる。家族・家庭については，家族の生活，仕事，お手伝い，買い物ごっこについて，自分と学校に関しては，学校探検，給食，通学路点検，花壇，行事，持ち物整理，掃除を題材にできる。自分と地域社会を対象とした場合は，自然と社会の視点からアプローチすることができ，通学路の自然，生き物，季節の移り変わり等を，社会については公園，近所の人たち，バスの利用，お祭り等を取り上げることが多い。

小学校では2011（平成23）年度，中学校では2012（平成24）年度から全面実施された学習指導要領では，この「生きる力」をより一層育むことを目指している。そのときの三つの視点として，①基礎的な知識・技能をしっかりと身につけさせる，②知識・技能を活用し，自ら考え，判断し，表現する力を育む，③学習に取り組む意欲を養う，を挙げて，小学校と中学校のすべての教科において，それぞれ位置づけている。そして子どもたちの「生きる力」を育むためには，学校・家庭・地域の連携・協力が必要とし，それぞれのシステムで育む「生きる力」を進めることを提唱した。

　このように，生活する力，生きるための教育の必要性を学習指導要領で示されなければならないほど，現代は生活力がなくとも生活できるようになり，生活者の意味がさらに変化してきたともいえる。しかしながら，そのことの欠如によって，貧困に陥ったり，消費者問題でだまされたり，金融リテラシーがないことから損をするという事態を生じさせている。これからの教育には，生活に根ざし，生活に活用可能な具体的要素が多く含まれた，消費者教育や金融経済教育等が重要となってくるであろう。

　③生涯学習教育と生活者

　一般論として，小・中学校や高等学校，大学・専門学校など一連の学校教育の場とは別に，公民館やコミュニティセンター，民間のカルチャーセンター等での地域社会における社会教育も盛んになっているほか，企業や公共部門の行政府等，さらにはNGO・NPOなどによる事業関連の研修・教育活動も行われるようになってきた。それは，生活経済に関するところでは，衣食住をはじめ，貿易や金融などの経済面のみならず自治体サービスから国際政治面の広範な分野に及ぶものが対象になっている。

　わが国でも，地域社会が有する住民自身のほか民間資源の活用や教育への公的支援の拡充などが提起されて久しく，一部ではすでに実施中のものもある。そこでは，例えば小・中学校におけるクラブ活動など課外活動を含む学校教育へ所定の条件を整えた上で，民間の人的資源としての地域住民の中から適格なスタッフを登用しその能力を活用することなどが求められている。それにより，教員にとっても教科に関する教育活動への時間を拡充し教育・指導等に専念で

きるし，生徒にも自主性や自律性，協調性等の涵養もねらいとしてアクティブ・ラーニング（能動的学習）ないしは実践的教育の機会を与えることが期待される。なお，後者の一部においては，すでに金融機関の職員がスポットで担当することなどが各地で行われている。さらには，例えば，ねずみ講や各種の詐欺事件，ブラックバイト問題など児童ないし学生が被害者のみならず無意識にも加害者に加担してしまうことのないように，経済事件等への注意喚起も必要である。

　もっとも，経済教育や金融教育の前に，発達段階に応じた社会性や協調性，自主性，自律性，生活上の自己管理能力などを身につけることが重要である。義務教育修了後，社会人となって一層それが求められることから，適宜，勤労者の生活パターンないし生活様式や就業（労働供給）と所得稼得，消費や貯蓄，さらには予算管理上の計画・実績の比較などとともにその意義と必要性を教育することが有益と思われる。

　人々の価値観や考え方は，政策作成や決定に関する政治とそれへの参加における意識，さらには租税に関する納税意識や担税能力への考え方などにも影響するものである。そして，政策内容自体が人々の生活水準をはじめ生活環境や暮らしぶりにも影響を及ぼす。つまり，教育は，単に地域社会や国における文化や知識体系の継承のみならず，人々の価値観や考え方などの形成に少なからず関与しうるものである。それゆえ，学校教育をはじめ家庭教育や社会教育さらには職場教育・研修などが，生活や生活者のあり方に重要な役割を果たすものとなる。

　さらに，低成長経済への移行期あたりから，キャッチアップ（追つき）型教育方針からクリエイティビティ（創造性）養成型教育への転換の指摘もなされてきた。それには，一部に，いわゆる知的財産権の意識の高まりもそうであるが，欧米諸国における特許権使用料収入と国際取引（貿易）収入などとの比較考量から特許権等の使用を認めない選択肢の選好の高まりというものの影響がいくばくか考えられる。個人の発達・成長や一国の教育方針にとっては，いずれのタイプも必要であり，そのウェイトについては個人の選好や時代の要請，国際情勢等とも独立ではあり得ない。なお，国際情勢に関する情報については，

マスメディアによる情報の問題提起の役割は大きいが，その情報等の解釈や利用方法も重要である。各時代の国内外の社会・政治・経済情勢の影響が強い傾向にあり，しかも概ねいずれの国でも国内ニュースに強く海外ニュースは手薄である傾向が観察されるということにも授業担当者は留意を要する。その意味では，生活と教育に関する面でも，外国語特に英語で外国の政府機関や国際機関などのホームページに，児童や学生が自ら直接にアクセスして調査し学習するアクティブ・ラーニングなどへの配慮はグローバル教育面でも重要と思われる。

　また，経済教育において個人レベルでは，就業ないし職業への意識や選好が学ぶ動機を規定することも是とされるべきである。例えば，昨今の時代に即した消費者行動やマーケティングの領域で，理論的な応用ミクロ経済学に関するものからビッグデータ分析を含む実践的な実証研究までの広範な知見を学習することにより，有利な就職や起業を企図する学生のケースなどはごく自然なものとみなされるであろう。

　金融教育においては，お金すなわち資金は生活に必須であるとしても，金銭・収益面の教育への偏重は学習領域や方法の多面性への隘路にもなりうるリスクをもつ点に注意することが必要である。また，価値観の多様化と普遍性とのバランスも考慮されるべきであり，究極的には，この時代にいかに生きるべきか等々の議論へリンクさせるためにも，政治・社会・哲学・倫理・宗教・文化等への理解とそれを生活経済の教育へ組み入れることも重要と考えられる。

**注**
(1)　HP では特に定義されていないが，ここでは基幹的高次科学と考える。
(2)　新村編（2008）および三省堂編修所（1988）参照。
(3)　田中編（1966）および木下（2000）など参照。
(4)　すでに触れたように，およそ個人は，社会との関わりで主婦や主夫を含めて労働力を提供する勤労者ないし生産者としての立場や消費者，貯蓄者ないし投資家・出資者，職業人としての事業家（アントレプレナー）ないし経営者，年金生活者など様々な属性をもつ。
(5)　天野（1996）19頁。

(6) 前掲書, 17頁。
(7) 前掲書, 124頁。
(8) 前掲書, 236頁。
(9) 岩崎・小稲監修 (1977) 参照。
(10) なお，企業の資材調達ないし購買の部門も含めて，営利と非営利とを問わず，バイヤーシップが妥当する。仮に，大企業などが規模の経済を背景に取引業者に不公正な取引等を強要すれば独禁法に抵触することになり，これに反することになるし，実効が伴わない不十分な見積制度ならば非効率となり社内監査でガバナンスや同コード上の問題となりうる。いずれも，市場を経由して直接または間接的に消費者サイドにも影響を及ぼすことが考えられる。
(11) 例えば内田 (2002, 2003) など参照。
(12) Gemeinschaft，ドイツ語で共同体（コミュニティ）のこと。特に，地縁や血縁に基づく共同体組織。
(13) 漁業については，森や山林の荒廃が河川を経由して沿岸海域の植生を劣化させ沿岸漁業に負の影響を及ぼすことなどが知られている。
(14) 例えば，英国でのbedZED (Beddington zero energy development, 環境負荷ゼロをめざすベディントン開発計画) の議論など。ラトゥーシュ＆アルパジェス (2010) 参照。
(15) 社会貢献など個人が有する社会との関係性については後述される。
(16) 新村出編 (2008) より引用。
(17) 大藪・杉原 (1997) 参照。
(18) 以下，大藪・柴山 (1998) 参照。
(19) 大藪 (2009) 参照。
(20) 三省堂編修所 (1988)，新村出編 (2008) 参照。

**参考文献**

天野正子，1996，『「生活者」とはだれか』中央新書。
稲葉昭英，2016，「NFRJ（全国家族調査）からみた日本の家族の変化」『個人研究』Vol. 11, No.2, 2-9頁。
井原哲夫，1998，『生活の経済学』東洋経済新報社。
岩崎民平・小稲義男監修，1977，『新英和中辞典』第4版，研究社。
岩本康志編，2001，『社会福祉と家族の経済学』東洋経済新報社。
内田滋，2002，「生活経済と地域社会に関する一考察——テンニースの所論とソーシャル・キャピタルへの視点を含めて」『経営と経済』第82巻第3号，137-164頁。
内田滋，2003，『現代生活経済とパーソナル・ファイナンス』ミネルヴァ書房。
大熊信行，1954，『生命の再生産の理論　上・下』東洋経済新報社。
大藪千穂，2009，「地域経済と生活者の安心——東海地域の経済と安心」『生活経済学研

究』第30巻，57-61頁．
大藪千穂・柴山知美，1998，「豊かな生活実現のための新しい家政学の分類」『岐阜大学教育学部研究報告（自然科学）』第23巻第1号，87-98頁．
大藪千穂・杉原利治，1997，「持続可能な社会のための生活指標と消費者教育」『消費者教育』第17冊，13-24頁．
木下文夫，2000，『和羅辞典』国際語学社．
今和次郎，1971，『今和次郎集　5巻，6巻』ドメス出版．
三省堂編修所，1988，『広辞林』三省堂．
新村出編，2008，『広辞苑』岩波書店．
田中秀央編，1966，『羅和辞典 Lexicon Latino-Japonicum』研究社．
暉峻淑子，1989，『豊かさとは何か』岩波書店．
テンニース，F./杉之原寿一訳，1957，『ゲンマインシャフトとゲゼルシャフト──純粋社会学の基本概念』岩波書店．(Toennies, F., 1887, *Gemeinschsft und Gesellschaft: Grundbegriffe der reinen Soziologie*, Leipzig: Fues.)
原司郎・酒井泰弘編，1997，『生活経済学入門』東洋経済新報社．
文部科学省，2010，「学習指導要領　保護者用パンフレット　学校・家庭・地域が力をあわせ，社会全体で子どもたちの「生きる力」をはぐくむために」．
ラトゥーシュ，S.・アルパジェス，D./佐藤直樹・佐藤薫訳，2010，『脱成長（ダウンシフト）のとき──人間らしい時間をとりもどすために』未來社．(S. Latouche and D. Harpagès, 2010, *Le Temps de la Dècroissance*, Editions le Bord de L'eau)
Becker, G. S., 1981, *A Treatise on the Family*, Harvard U. P..
Mathews, G., 2009, "Finding and Keeping a Purpose in Life, Well-Being and Ikigai in Japan and Elsewhere," G. Mathews and C. Izquierdo eds., 2009, *Pursuits of Happiness, Well-Being in Anthropological Perspective*, Berghahn Books.
Popper, K. R., 1965, *Conjectures and refutations: the growth of scientific knowledge*, 5th ed., Routledge & Kegan Paul.（藤本隆志他訳，1980，『推測と反駁──科学的知識の発展』法政大学出版局）
Simon, H. A., 1945, *Administrative Behavior*, Free Press.（松田武彦・高柳暁・二村敏子訳，1965，『経営行動』ダイヤモンド社）
Simon, H. A., 1957, *Models of Man*, Wiley.（宮沢光一監訳，1970，『人間行動のモデル』同文舘）
Simon, H. A., 1997, *Models of Rounded Rationality, Empirically Grounded Economic Reason*, Vol. 3, MIT Press.

**参考 URL**
消費者庁，第10次国民生活審議会総合政策部会調査委員会報告，NSI ─国民生活指標

http://www.caa.go.jp/seikatsu/shingikai2/kako/spc10/houkoku_d/spc10-houkoku_d-contents.html　2016年4月16日閲覧。

生活経済学会　http://www.jsheweb.org/　2016年4月1日閲覧。

文部科学省，2010,「生きる力を各教科等の指導(1),(2)」http://www.mext.go.jp/b_menu/shingi/chukyo/chukyo3/004/siryo/05111802/008/001.htm　2016年5月5日閲覧。

（内田　滋・大藪千穂）

# 第 2 章
# 地域経済・社会と地域金融機関の役割

　　日本は「人口減少社会」に入って，このまま続けば地域社会では「負のスパイラル」により，「生活の質の低下」を招く危惧があります。第1節で人口動向と，東京一極集中によるさらなる人口減少と少子高齢化，地域格差の負のスパイラルを分析します。第2節でこれらが地域の事業者，自治体，金融機関ひいては地域住民に及ぼす負のスパイラルを分析します。第3節で政府の政策対応を整理し，第4節で豊かさを実感できる地域社会の実現のための，地域金融機関を始めとする関係者間による今後の方策を探ります。

## 第1節　人口，少子高齢化と東京一極集中による「負のスパイラル」

### 1　人口の動向

　日本の合計特殊出生率は1970年代以降に低下し，人口規模が長期的に維持される水準（「人口置換水準2.07」）を下回る状態が40年間ほど続き，総人口は2008年以降には減少局面に入った。国立社会保障・人口問題研究所「日本の将来推計人口（平成24年1月推計）」（出生中位・死亡中位，出生率1.35程度で推移）では，総人口はこのまま推移すると，2050年では1億人，2100年には5000万人を割り込むまで減少すると予測されている。また，人口の減少幅も2020年代初めは毎年60万人程度であるが，それが40年代頃には毎年100万人程度にまで加速することとなる。なお，国土交通省（2014，3・7月）によると合計特殊出生率が2020年に1.6程度，30年に1.8程度，40年に2.07程度まで上昇すると，60年の人口は約1億200万人となり，総人口は2110年頃から9500万人程度で概ね安定的に推移するものと推計されている。

　次に，今後の人口減少の進み方を年齢階層別のパターンで見ると，大きく3

段階で見ることができるとされている。「第一段階」は，若年人口は減少するが，老年人口は増加する時期（10～40年），「第二段階」は，若年人口の減少が加速化するとともに，老年人口が維持から微減へと転じる時期（40～60年），「第三段階」は，若年人口の減少が一層加速化し，老年人口も減少していく時期（60年以降）である。

　これを10～40年の地域別のパターンに当てはめると，東京都区部や中核市・特例市は「第一段階」であるが，人口5万人以下の地方都市は「第二段階」，過疎地域の市町村はすでに「第三段階」に入っているとされている。

### 2  高齢化率の動向

　上記の人口推計により，地方圏では生産年齢人口が大幅に減少するとともに，高齢者数は2025年にピークアウトするのに対して，東京圏では50年に向けて急増していくこととなる。また，高齢化率は，すべての圏域において上昇し続け，地方圏が3大都市圏を一貫して上回って推移する。全国でも東京圏でも，70～80年頃以降は41％程度で推移するものと推計されている。

### 3  人口，高齢化動向と人口移動

　人口減少，少子高齢化により，国土交通省（2014，3・7月）によると，10年を基準とした場合の50年の人口増減状況は，全国を1 km$^2$毎の地点で見ると，現在の居住地域の6割以上で人口が半分以下に減少し，2割の地域では無居住化すると試算されている。人口が増加する地点の割合は約2％に過ぎず，主に大都市圏に分布するとしている。また，市区町村を人口規模別に見ると，全国平均の人口減少率は約24％であり，人口規模が小さくなるにつれて減少率が高くなる傾向が見られ，人口30万人以下の市町村では平均以上の減少率となり，特に現在人口1万人未満の市区町村ではおよそ半分の人口に減少するとされている。

　このように人口減少，高齢化について地域格差が生じたのは，日本国内において地方圏から大都市圏とりわけ東京圏への，若年層を中心とした人口移動があったからである。戦後の人口移動状況を見ると，これまで3期にわたり地方

圏から3大都市圏への大きな人口移動が発生しているとしている。第一期は高度経済成長期と重なる1960～70年代前半，第二期はバブル経済期と重なる80年代後半に当たる。95年以降が第三期で，製造業の海外移転による地方経済悪化の時期で，東日本大震災を機に一時的に低下した大都市圏への転入超過数は，2013年以降は震災前の水準を上回っており，とりわけ東京圏への転入傾向は拡大している（図2-1参照）。

　東京圏への転入超過数の大半は15～19歳，20～24歳が占めており，大学進学時，大卒後就職時の転入が考えられる。特に，若年女性の大都市圏への人口移動が顕著であり，日本創成会議（2014）が発表した分析結果によると，人口の再生産を担う「20～39歳の女性人口」が10年から40年にかけて半数以下になる地方公共団体は，「消滅自治体」として896団体（全体の49.8％）になると推計されている。

　このような人口移動の背景には，国土交通省（2014，3・7月）によると，東京圏への人口転入超過割合（転入者－転出者／総人口）と経済指標である所得格差（一人当たりの県民所得の東京圏平均／全国値），有効求人倍率格差指標（有効求人倍率の東京圏平均／全国値）の相関（1990年から13年の間で，各々，0.82，0.92）が高く，地域間に経済格差があるためとしている。

　この地方圏から大都市圏とりわけ東京圏への若者・女性の転入は，東京圏での出生率の低さのため人口減少に拍車をかけている。大都市圏での出生率は低く，2013年における東京の合計特殊出生率は1.13であり，日本全体での1.43を大きく下回っている。人口移動について，地方圏では，若い世代が大量に流出する人口の「社会減」と「自然減」の2要因が重なって，大都市圏に比べて数十年も早く人口減となった。今後地方圏から都市圏への人口流入も枯渇すると，いずれ大都市圏ひいては日本全体も衰退するという，「負のスパイラル」に陥る可能性がある。

　日本の人口減少に歯止めをかけるためには，一方で相対的に出生率の高い地方から出生率の低い東京への人口流出（社会減）を防止し，他方で大都市圏での出生率の低さ，結果として日本全体での出生率の低さ（自然減）を改善する必要がある。

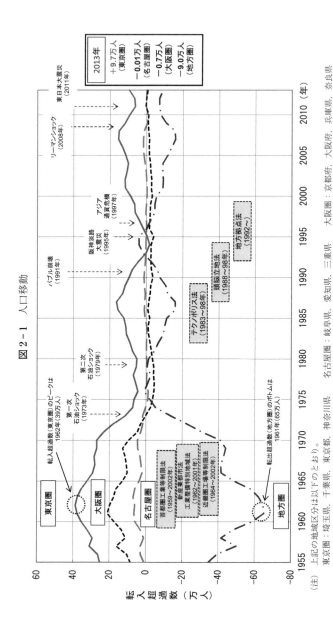

図 2-1 人口移動

## 第2節　現状認識

### 1　地域事業者・中小企業の現状と課題

①地域事業者という視点

　地域経済は，域外市場に対峙する域外産業と，域内市場に対峙する域内産業とで構成されている。このうち域外産業（製造業，農林水産業など）は海外経済・為替レートも含めて地域外の環境変化の影響を受け，域内経済からの影響は小さい。他方，域内産業（建築業，サービス業など）は地域住民の消費活動，事業者の生産活動，ひいては地方公共団体，地域金融機関の活動の相互作用によって決まり，域内需要が減少すると，事業の縮小，雇用・所得の減少，人口減少，域内需要の減少，さらなる事業の縮小という，負のスパイラルに陥る危険性がある。大雑把にいえば，域内産業の規模は当該地域の経済規模・人口規模に依存することとなり，域外産業はどちらかといえば域内での事業規模と域内経済・人口縮小との「負のスパイラル」の歯止め効果をもつ。

　地域の民営事業所数と地域の人口増減との関係を都道府県ベースで見る。日本経済再生本部（2014）によると，2001年から12年にかけて人口の変化と事業所数は相関（0.443）しており，人口の減少は事業所の減少につながっている。これは，地域の産業が主として域外産業から域内産業に依存するようになったためである。地域の事業所の増減を産業別に見ると，1986年時点では，北海道を除く全国の多くの市町村において雇用を担う中心産業は主として域外産業の製造業であったが，この間に製造業は拠点を海外に移し，2012年時点ではその事業所数，従業者数とも減少した。他方，域内産業のサービス業・医療福祉関連の従業者数は増加し，地域の雇用を支える産業は域内産業依存を高めている。

　さらに，厚生労働省（2014）によると，地域産業を生産性から見ると，一般的に労働生産性（x）の高い地域は，年収・賃金水準（y）も高い傾向（$y = 0.8009x + 8.575$　$R2 = 0.7944$）にあり，また，より賃金水準（x）の高い地域に向かって人口移動（y）が生じる傾向（全体 $y = 0.0127x - 0.0129$　$R2 = 0.3596$　若年層 $y = 0.0501x - .0.1125$　$R2 = 0.3361$）にある。特に，若年層はより年収・

賃金に敏感に移動していると分析している。地域産業が好循環を継続し，人口減少に歯止めをかけるためには，賃金の上昇が人口を引き寄せ域内消費を喚起することが重要であり，そのためには事業者の労働生産性の向上が不可欠である。ところが，日本の労働生産性を欧米諸国と比較すると全般的に低く，特に産業別に米国と比べると地域で比重の高い域内産業の非製造業を中心に低い。その結果，生産性，賃金の低い域内産業に頼る地方圏は，域内産業の低生産性・賃金と人口流出の「負のスパイラル」が生じている可能性がある。

最後に，地域産業を需要面から見ると，地域産業とりわけ域内産業は人口規模と相関し，人口に応じて存続確率が決まるとされている。このことが意味することは，域内人口が縮小していくと，事業規模が比例的に縮小するというだけでなく，最小存続人口を享受できない状況に陥ると，地域産業・企業が当該地域から一挙にゼロ，撤退することになり，地域から産業が失われることになる（図2-2参照）。

②中小・小規模事業者という視点

わが国の事業者数および事業所数は，1986年までは増加傾向だったが，それ以降は減少に転じて2014年には382万者となっている。中小企業の数も同様に減少傾向で381万者（構成比99.7％）となり，うち中規模企業の数は57万者（同14.9％），小規模事業者は324万者（同84.8％）である。業種別に見ても「電気・ガス・熱供給・水道業」など一部の業種を除き，業種を問わずそのほとんどが「小規模事業者」である。この小規模事業所数の経年推移を業種別に見ると，地域産業とほぼ同様に「小売業」はピーク時から50％減，「製造業」は46％減と半減している。他方で「サービス業」「不動産業」は微増傾向で，それ以外の業種は，ほぼ横ばいとなっている。

中小企業庁（2016）によると，地方公共団体ベースの人口増減と事業所数増減率を2009年から14年で見ると，小規模事業所は人口規模にかかわらず増減率が減少しているが，小規模事業所のほうが中・大規模事業所よりも，より人口の影響を受けやすいとしている。

ただ，自治体人口規模別に1000人当たり事業所数で比較すると，人口に対して全国平均で1990年の40事業所から2015年の30事業所に減少しているが，自治

第2章 地域経済・社会と地域金融機関の役割

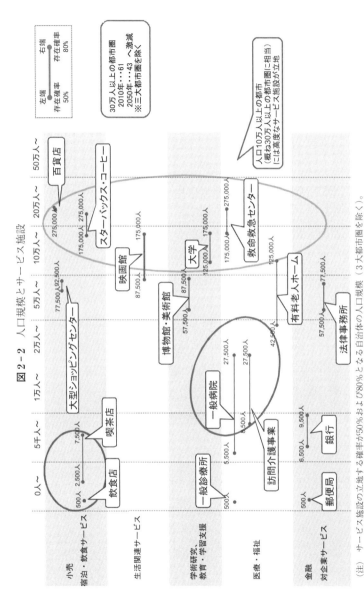

図2-2 人口規模とサービス施設

（注）サービス施設の立地する確率が50％および80％となる自治体の人口規模（3大都市圏を除く）。
（出所）各種資料をもとに国土交通省国土政策局作成。（国土のグランドデザイン2050参考資料、2014年7月4日）

体の人口規模にかかわらず小規模事業者は一定数が存在し，地域生活に密着した存在である。同じく中小企業庁（2016b）によると，地域区分別に，企業規模別の開設時期（14年），売上高（12年），給与総額（12年）および従業者数（12年）の構成割合を見ると，都市部から地方に行くほど，小規模事業者の構成割合が高く，小規模事業者の地域経済への貢献度が高い。

　小規模事業者数減少の背景として，直近では自営業主の高齢化が一因に挙げられ，年齢階級別では70代が最多（約80万人）となっている。また，1995年から15年までの経営者の高齢化率の変化を見ると，規模の小さな企業ほど高齢化が進んでいる。経営者の高齢化が進む中，経営者の交代率も低下傾向にあり，地域経済の発展において，起業・開業の促進はもちろん，事業承継を図っていくことが重要課題であるが，経営者年齢が上がるほど，投資意欲の低下やリスク回避性向が高まる。小規模事業者の高齢化，交代率の低下が，投資意欲を低下させ，人口減少と事業所数の減少という「負のスパイラル」をもたらしている。

　地域では，地域産業，中小企業の低生産性，低賃金水準，経営者の高齢化といった地域課題がその事業規模と経済・人口規模と「負のスパイラル」をもたらしている。しかしながら，地域に根ざした事業活動を行う中小企業・小規模事業者の事業による地域課題の解決は，地域住民の生活環境等の向上のみならず，新たな雇用や人材育成等，地域経済の活性化にも好影響を与えることになる。中小企業・事業者のみならず，地方公共団体，地域金融機関，地域住民といった多様な主体が，こうした地域課題解決の新たな担い手として地域での活躍の場を広げ，経済で地域に好影響を与えることが重要である。

## 2　地方公共団体・地域の持続可能性

　日本経済の再生のためには，地域経済の再生が必要であり，そのためには地方公共団体・地方財政には大きな役割がある。

　地方公共団体の行政サービスを公需（（公的固定資本形成＋政府最終消費支出＋年金給付額）／都道府県別名目GDP）という観点から経済財政諮問会議（2014）で見ると，1990年代は公共事業が，最近では社会保障支出を中心に，都道府県別の公需等への依存は90年代前半の32.3％から2000年代後半には37.4％へと高

まっている。人口規模が小さな地方公共団体ほど公需等への依存度が高い反面，当該公共団体の財政力を示す財政力指数（基準財政収入額／基準財政需要額）は低い。また，内閣府（2016）によると，自治体歳出のうち社会保障費以外の公共サービスはある程度の「規模の経済性」が働き，人口規模が小さな自治体ほど相対的に行政コスト負担が重く，一人当たり負担が増加するという課題があるとしている。

さらに，加速する社会資本の老朽化に対して戦略的な維持・更新管理が必要であり，高度成長期以降に整備したインフラが今後一斉に老朽化するため，社会資本の長寿命を図り，アセット・マネジメント（資産管理）によりコストを縮減・平準化する必要がある。この点でも，小規模市町村ほど，公共施設・インフラの更新費用は負担が相対的に大きくなる。

地方公共団体は歳入・歳出面，および公共インフラで地域産業と同様の困難に直面し，人口減少との間で，「負のスパイラル」に陥る可能性がある。人口減少により地方は疲弊し，自治体が存続するためには，一方で医療・介護等の公共サービスや社会資本を効率的に提供し，他方で充分な税源を涵養し，持続可能な財政構造となることが必要である。

## 3　地域金融機関の現状と課題

1990年7月に公表された金融制度調査会金融制度第1委員会中間報告「地域金融のあり方について」の中で，地域金融機関とは，「一定の地域を主たる営業基盤として，主として地域の住民，地元企業及び地方公共団体等に対して金融サービスを提供する金融機関ととらえることができる。一定の地域を主たる営業基盤にしていることから，その地域を離れては営業が成り立たない，いわば地域と運命共同体的な関係にある金融機関や効率性，収益性をある程度犠牲にしても地域住民等のニーズに応ずる性格を有する金融機関という側面を有している。このような地域金融機関として，地方銀行（第二地銀を含む。）及び協同組織金融機関があげられよう」と説明されている。

地方銀行は概ね都道府県単位で，信用金庫は市町村単位で店舗を開設し，中小企業や地域住民，地方公共団体等に金融サービスを提供しているが，交通網

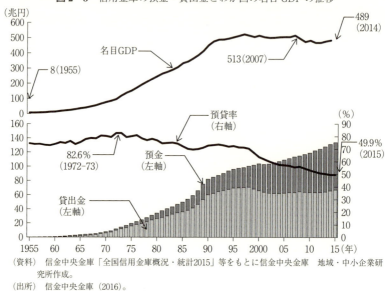

図2-3 信用金庫の預金・貸出金とわが国の名目GDPの推移

(資料) 信金中央金庫「全国信用金庫概況・統計2015」等をもとに信金中央金庫 地域・中小企業研究所作成。
(出所) 信金中央金庫 (2016)。

の発達や経済圏の拡大に伴い，地方銀行の中には都道府県の境界を越えて，さらには全国の中核都市に店舗を開設する動きが活発化している。また，大手の信用金庫の中には，県下全域を営業地域にしたり，県境を越えて店舗を開設する動きが出てきている。

　ここで地域金融機関のうち信用金庫の預金・貸出金の推移を長期トレンドで見てみよう（**図2-3**参照）。1951年6月に信用金庫法が制定されてから65年が経過しているが，この間の信用金庫の預金・貸出金の推移を見ると，高度成長期，安定成長期，低成長期のわが国経済，または地域経済の状況や課題を端的に表している。経済成長が著しかった頃は，中小企業の資金需要が旺盛で貸出金の増勢が強く，預貸率（預金に対する貸出金の割合。預金取扱金融機関が集めた預金がどれだけ貸出金に回っているかを示すもの）は8割を超えていた。しかし，オイルショック後，日本経済が安定成長期に入ると，貸出金の伸び率は鈍化し，一方で個人の金融資産が預金として蓄積し，預貸率は低下傾向を辿った。80年代後半に入ると，バブル経済よって一時的に預貸率は上昇したが，その後のバブル崩壊によって中小企業の倒産，廃業が相次ぎ，貸出金は減少・頭打ち傾向

を辿ることになった。その一方，個人は安全性の高い金融資産を選択する傾向が強まり，さらに団塊世代の定年に伴う退職金の流入，年金受給者の増加とそれに伴う滞留資金によって，預金は順調に増加し，預貸率は50％を切る水準まで低下している。

　最近では，個人金融資産が1400兆円ともいわれるわが国において，信用金庫をはじめとする地域金融機関は，預金に加えて，規制緩和によって取扱いが可能になった投資信託，保険商品等の販売を組み合わせ，個人に対する運用手段の提供やアドバイス・コンサルティング機能の拡充に努めている。また，創業支援，中小企業への経営相談，販路開拓支援などに取り組み，中小企業の資金需要の掘り起こしまで踏み込んで，地域経済の活性化のために努力している。

## 4　地域住民の現状と課題

　厚生労働省（2015）によると，未婚者の結婚意思は，男女ともに「いずれ結婚するつもり」と答えた者の割合が9割程度で推移し，夫婦の理想の子ども数は2.5人前後，夫婦の予定子ども数，未婚者の希望子ども数も2.1前後で推移している。しかし，現実の出生数は減少傾向にあり，その要因としては，親世代の人口規模の減少，未婚率の上昇や晩婚化に伴う晩産化が挙げられている。

　他方，若年者の非正規雇用割合は依然として高く，非正規雇用の給与は正規雇用と比較して低い。そのため男性非正規雇用の有配偶率は低く，雇用の不安定が結婚に当たっての壁となっている。また，男性の家事・育児に費やす時間は国際的に低い水準にあり，男性の育休取得率も2％台にとどまっている。子育て期にある30歳代男性の約6人に1人は週60時間以上就業し，こうした働き方・ワークライフバランスに関わる問題が男性の育児参加を妨げる要因になっていると考えられている。

　さらに，子育てをしていて負担・不安に思うことや悩みがある人は，男性の7割弱，女性の8割弱に上る。若者世代が出産・子育てにより前向きになれるために必要なこととして，安定した雇用・収入の確保，安心して保育サービスが利用できること，仕事と家庭の両立環境の整備や働き方の見直し等が上位である。子育て世代と女性・若者への支援のため，①雇用の確保，②妊娠・出産

支援,③子育て支援の充実,④働き方の見直し等が重要な課題である。

さて,国民生活基礎調査(内閣府,2014)によると,「全世帯」の1世帯当たり平均所得金額は,1985年から増加傾向であったが,94年の664万2000円をピークにその後減少傾向で推移し,2012年には537万2000円となっている。相対的に賃金の低い正規雇用以外の労働者が増加し,平均賃金を押し下げる方向に働いている。その結果,生活意識別に世帯数の構成割合を見ると,「苦しい」(「大変苦しい」と「やや苦しい」)59.9%,「普通」が35.6%となっており,時系列推移を見ると,92年以降「苦しい」と答えた世帯の割合(34.2%)は上昇傾向となっている。

所得の不平等度を時系列(1990年から2014年まで)に所得再分配調査で見ると,世帯単位で見た当初所得格差はジニ係数で0.433から0.571と拡大傾向にあるが,2000年代以降の再分配所得格差は0.380前後で横ばいである。当初所得のジニ係数の上昇は,高齢者世帯つまり世帯主の高齢化によるものが特に大きい。また,相対的貧困率(可処分所得が中央値の半分未満の人の割合)も上昇傾向であり,子どもの貧困率も上昇傾向にある。なお,所得の不平等度を都道府県別の1人当たり県民所得の変動係数で見ると,2009年度(0.132)以降から近年まで拡大傾向にあることが計測できる。

## 第3節　政府の対応

### 1　地方創生本部の「長期ビジョン」と「総合戦略」

人口減少・少子高齢化の進展によって,多くの地方公共団体の消滅可能性が指摘されたことを踏まえ,「経済財政運営と改革の基本方針(骨太方針)2014」において,地域の活力を維持し,東京への一極集中傾向に歯止めを掛けるとともに,少子化と人口減少を克服することを目指した総合的な政策を推進することが掲げられた。

これを受けて,2014年11月に「まち・ひと・しごと創生法」が制定され,同年12月に「まち・ひと・しごと創生長期ビジョン」および「まち・ひと・しごと創生総合戦略」が閣議決定された。いわゆる地方創生は,人口減少期に入っ

てから初めての地方活性化政策である点に特徴があり，これにより国は，長期ビジョンとして60年までに1億人程度の人口を確保する中長期展望を提示するとともに，国の総合戦略として15年から19年度（5か年）の政策目標・施策を策定することになった。また，地方では，「地方人口ビジョン」として，各地域の人口動向や将来人口推計の分析や中長期の将来展望を提示するとともに，各地域の人口動向や産業実態等を踏まえ，5か年の政策目標・施策として「地方版総合戦略」を策定することとなった。そして，同法により，事業者は，国または地方公共団体が実施するまち・ひと・しごと創生に関する施策に協力するよう努めるものとされ，地域金融機関においても地方創生に対して法律に基づく努力義務が課せられた。

　国は，2015年を「地方創生・元年」と位置づけ，6月に「まち・ひと・しごと創生基本方針2015」を閣議決定し，地方創生の深化に向けた当面の取組方針を示した。また，9月にはアベノミクス第二ステージとして「一億総活躍社会」を創り上げる方針が示されたが，地方創生は「一億総活躍社会」の実現に向けて最も緊急度が高い取組みの一つと位置づけられている。こうした趣旨を踏まえ，12月には地方創生の深化に向けて政策メニューの拡充を図るとともに，地方公共団体からの要望や実態を踏まえ目標数値を再設定した「まち・ひと・しごと創生総合戦略2015　改訂版」が公表された。

　国の総合戦略を踏まえて，地方公共団体は，人口減少克服と地方創生の実現に向けた，いわゆる「地方版総合戦略」を策定したが，15年度末時点において，ほぼすべての地方公共団体が戦略策定を完了しており，これからは本格的な戦略の推進段階に移行する状況になっている。

　さらに，16年6月には，地方創生の本格展開に向け，これまで取り組まれてきた戦略策定や政策メニューづくりの実績を踏まえ，①各分野の政策の推進（政策パッケージの推進），②地域特性に応じた戦略の推進，③多様な地方支援の推進を基本とした「まち・ひと・しごと創生基本方針2016」が閣議決定された。同方針2016においては，「ローカル・アベノミクスの実現」により，地域経済に人材と資金を呼び込めるような，生産性の高い，活力に溢れた産業を形成し，若者や女性，働き盛りの世代にとって魅力のある職場を生み出すことを

目指している。また，地方公共団体が地方創生に中長期的見地から安定的に取り組むための財政支援として，16年度予算において「地方創生推進交付金」が創設された。この交付金の対象となる事業は，「先駆性のある取組」「先駆的・優良事例の横展開」「既存事業の隘路を打開する取組」としており，自立性・官民協働・地域間連携・政策間連携等の観点から評価される。

地方創生において取り組まれている事業は，今後，KPI（重要業績評価指標）に基づく効果検証を受けることとなる。しかしながら，KPIの水準は地方公共団体間で格差があり，各事業でKPIを達成しても，人口減少の抑制や稼ぐ力の維持・向上といった主要目標を達成できないケースが想定される。その要因を分析するためには，地方版総合戦略で設定されたKPIの妥当性を「産業連関表」と「地域経済計算」を用いて，経済波及効果や資金循環の観点から検証する必要があるが，当該データは，地域経済分析システム（RESAS）で展開されている「地域経済循環分析」において利用されており，地方公共団体，地域金融機関，研究機関等は個別に入手することができるようになっている。

今後，真の地方創生を成し遂げるためにも，経済波及効果や資金循環の観点からKPIの妥当性の検証に多くの地方公共団体が取り組むことが必要になる。

### 2 経済産業省と中小企業政策

わが国の中小企業政策を担う中小企業庁は1948年に設置され，63年に中小企業政策の基本方針を示した中小企業基本法が施行された。この基本法の主な目的は，戦後経済成長下で顕在化しつつあった「二重構造問題（同一経済内における資本・生産性・賃金等の格差）」の対応であった（**図2-4参照**）。

しかし，70年頃になると，①労働力不足や賃金上昇への対応としての資本集約化と付加価値生産性向上，②ものづくり産業における系列化強化，③経済成長に伴うサービス経済化の進展，④分業構造の拡大による中堅企業の増加と産業の裾野の拡大，⑤円高やオイルショックによる輸出条件の悪化や空洞化の進展など，中小企業を取り巻く環境に変化があって，二重構造問題の終焉が主張されるようになった。

さらに，バブル崩壊以降は，市場競争の促進，国際競争力の強化等を軸に，

図2-4　中小企業政策の変遷

| 戦後復興期<br>(1945〜) | 高度成長期<br>(1955〜) | 安定成長期<br>(1970〜) | 転換期<br>(1985〜) | 現在 |
|---|---|---|---|---|
| 経済力の集中を防止，健全な中小企業の育成 | | 二重構造論：中小企業と大企業との格差是正 | やる気と能力のある中小企業の支援 | |

○中小企業庁設立（1948）　○中小企業基本法（1963）　○中小企業基本改法正（1999）
　（出所）　信金中央金庫　地域・中小企業研究所作成。

　わが国の産業政策の方向性は，産業構造転換の促進に拍車がかかり，中小企業政策においても，市場の活性化に寄与する「積極的な中小企業」を支援するため，施策の中核は創業支援や新事業開拓支援，経営革新支援などになった。

　そして，99年には政策の実態と基本法の理念が大きく乖離した状況を解消するため，中小企業基本法の改正が行われた。この新基本法は，政策目的を「弱者の保護」から「競争を生き抜くための『自助（自立）努力』の支援」に転換し，中小企業の異質多元性を最大限生かすことを目標として現在に至っている。

　また，小規模事業者については，従来，零細性や過多性，事業と家計が未分離な生業性が指摘され，これらを普通の企業に格上げする必要のある存在として，政策もそのための社会政策的課題としての色彩が強いものであった。しかし，小規模事業者についても，地域特性を生かした事業展開による就業機会の提供，地域住民の生活向上や交流促進への寄与，創造的な新産業の創出など，経済社会の発展に寄与する積極的な存在として捉え直されることとなった。具体的には，2012年6月に経済産業大臣のイニシアチブで開催された「"ちいさな企業"未来会議」で，それまでの中小企業政策に対して，「中小企業政策は，①中小企業の中でも比較的大きな企業（中規模企業）に焦点が当てられがちである，②必ずしも小規模事業者にしっかりと焦点を当てた政策体系となっていない，③既存の支援施策（補助金等）も小規模事業者が活用しやすい制度・運用になっていない場合がある」との評価がなされ，小規模事業者の自主的努力が助長されるよう事業活動の環境を整備し，その活力を最大限発揮させなければならないとされた。これを受けて，小規模事業者の活性化を軸に，中小企業

政策の制度改革を目指す関連法の改正が検討され，13年6月に中小企業基本法の一部改正を含む小規模企業活性化法が成立した。

さらに，小規模企業活性化法に続き，小規模企業振興基本法が14年6月に成立したが，同法では，基本原則に小規模事業者の持続的発展を図ることが盛り込まれ，国や地方公共団体の相互協力のもと，多様な需要に応じた商品・サービスの販路拡大，新事業展開の促進等の基本施策が掲げられている。

### 3　金融庁と金融監督行政

バブル経済崩壊後，不良債権問題が深刻化し，中小企業の倒産件数・負債総額は過去最高水準を記録するなどによって，2001年度には，わが国の金融機関の経営状況は一段と深刻度が増した。こうした状況を踏まえ，金融庁は，02年10月に「金融再生プログラム」を公表し，主要行の不良債権比率を04年度末に01年度末の半分程度に低下させることで不良債権問題を解消し，構造改革を支えるより強固な金融システムの構築を目指すこととした。

一方，中小・地域金融機関の不良債権処理については，金融審議会において，主要行とは異なる特性を有するリレーションシップバンキング（長期継続取引の中から借り手の情報を得て，融資を実行するビジネスモデル）のあり方が検討され，15年3月に報告書「リレーションシップバンキングの機能強化に向けて」がとりまとめられた。この報告書は，中小・地域金融機関が主要行と同様のオフバランス化（賃借対照表の資産の部から資産を除外する方法，会計上リスクのある資産を切り離すことにより企業価値を高めることにつながる）の手法により不良債権処理を進めることは困難であることから，15年度からの2年間を地域金融に関する「集中改善期間」として，中小企業の再生と地域経済の活性化を図るための取組みを進めることで，不良債権問題を解決していくことを提言したものであった。

金融庁は，03年3月に「リレーションシップバンキングの機能強化に関するアクションプログラム」を公表し，地域金融機関に対し，その進捗状況を半期ごとに公表することと，同年8月までに「リレーションシップバンキングの機能強化計画」を作成して，中小企業の再生と地域経済の活性化のための具体的

な施策を推進することを求めた。

　そのアクションプログラムは，04年度までの2年間の「集中改善期間」中に，中小・地域金融機関および行政が具体的に取り組むべき柱として，①中小企業金融の再生に向けた取組み，②各金融機関の健全性の確保，収益性向上等に向けた取組み，という二つの柱を提示し，中小企業の再生と地域金融の活性化の実現を目指すものであった。

　さらに金融庁は，リレーションシップバンキングの重要性が金融機関に理解されたと評価する一方，収益性の向上や地域金融の円滑化などの実績が不十分な点を踏まえた上で，05年3月に地域密着型金融の一層の推進を目指すために，2年間の「重点強化期間」を対象とする「地域密着型金融の機能強化の推進に関するアクションプログラム」を公表した。そして，05年度，06年度の2年間に，新たなアクションプログラムの基本的な考え方として，①地域密着型金融の継続的な推進，②地域密着型金融の本質を踏まえた推進，③地域の特性や利用者ニーズ等を踏まえた「選択と集中」による推進，④情報開示等の推進とこれによる規律づけを掲げ，具体的な取組みとして，①「事業再生・中小企業金融の円滑化」，②「経営力の強化」，③「地域の利用者の利便性向上」の3項目が示された。

　2006年度末までの2次4年間にわたるアクションプログラムのもとで，リレーションシップバンキングおよび地域密着型金融が定着してきたが，その後継として金融審議会第二部会リレーションシップバンキングのあり方に関するワーキンググループによって，07年4月に「地域密着型金融の取組みについての評価と今後の対応について―地域の情報集積を活用した持続可能なビジネスモデルの確立を―」が公表された。その中で，07年度以降の地域密着型金融への取組みは，緊急時の時限的取組みから平時の恒久的取組みへと転換され，今後は監督指針に必要な事項が盛り込まれることになった。そこで金融庁は，07年8月に，地域金融機関に共通して求める取組みとして，①ライフサイクルに応じた取引先企業の支援の強化，②事業価値を見極める融資手法をはじめ中小企業に適した資金供給方法の徹底，③地域の情報集積を活用した持続可能な地域経済への貢献，という3点を追加的に監督指針に盛り込むこととした。

その後，2011年5月に地域金融機関に対して，地域密着型金融をビジネスモデルとして確立するよう監督指針が改正された。その中で，地域金融機関は，中長期的視点に立った組織全体としての継続的な取組みを推進することが求められ，経営陣が主導性を発揮して推進態勢の整備・充実を図ることとされた。具体的には，顧客企業に対するコンサルティング機能の発揮，地域の面的再生への積極的な参画，地域や利用者への積極的な情報発信が求められた。

　さらに，2013年9月に公表された「平成25事務年度の金融モニタリング基本方針」では，事業性評価にかかるモニタリングが開始されることになった。14年9月に公表された「平成26事務年度の金融モニタリング基本方針」では，地域金融の中核的な担い手である地域銀行・信用金庫に対し，特に①地方創生に取り組むべく，地域経済の活性化に向けた取組みを主導する役割を発揮すること，②人口の減少等が予測される中，5〜10年後を見据え，中長期的に持続可能なビジネスモデルを構築すること，の2点を求めた。

　2015年9月に公表された「平成27事務年度の金融行政方針」では，具体的重点施策として，「企業の価値向上，経済の持続的成長と地方創生に貢献する金融業の実現」が掲げられ，各金融機関における取引先企業の事業性評価およびそれに基づく融資や本業支援等の取組み状況について，確認が行われることになった。

　さらに，2016年9月に「金融仲介機能のベンチマーク」が公表され，同年10月に公表された「平成28年事務年度の金融行政方針」の中で，同ベンチマーク等を活用した金融機関の自己評価を促しつつ，経営陣との対話を実施することとなった。

## 第4節　豊かな地域経済社会の実現と地域金融機関の役割

### 1　地域事業者・中小企業への今後の対応

　人口減少や高齢化の進展など，地域が直面する課題が深刻になっている。地域が持続的に存在していくためには，地域経済を活性化させて，地域に雇用の機会を設け，地域住民が安心して生活していくことができる環境を整えていく

必要がある。特に，地域経済の主たる担い手である地域の事業者の活性化は，豊かな地域経済社会を実現する上で必要不可欠な課題である。

これまで地域金融機関は，一定の地域を営業基盤として，地域の住民，地元企業，地方公共団体等に対して，金融仲介機能の発揮に努めてきたが，近年では，地域や中小企業が抱える多様な課題を解決するために，情報提供機能，コンサルティング機能の強化が求められている。

中でも地域に密着し小規模企業を主要顧客にしている信用金庫にとって重要なことは，事業性評価を適切に行い，担保・保証の取扱いを柔軟にするとともに，事業に関連した情報やアドバイスを提供し，様々な顧客のニーズに木目細かく対応することで，顧客とのリレーションを構築することであり，このようなことが今後の信用金庫の役割ともいえる。

ここでいくつかの信用金庫の先進的な取組みを紹介することで，これからの地域金融機関の役割を考える上でのヒントを提示する。

① ABL（動産・売掛金担保融資）

ABLとは，企業の商品や在庫，農家が保有する農畜産物，運送業者のトラックなど，動産や売掛債権を担保に資金を貸し出す仕組みをいう。ABLの実態は無担保融資に近く，金融機関側においては相応のリスクを負うことを前提に取り組むべき融資である。企業側においても，在庫や売掛金が担保となることから，事業遂行への真剣な取組みが求められる。

A信用金庫では，ABL案件の1件1件に対して高い問題意識をもって取り組んでおり，債務不履行に至ってしまった場合でもその要因を分析・検証し，以降の融資業務に向けた教訓として体系化している。これはPDCA（プラン・ドゥ・チェック・アクション）サイクルのフローそのものである。

A信用金庫のABLは，無担保融資の延長線上に位置づけられ，むしろモニタリングを重視するコベナンツ（契約書に記載することのできる一定の特約事項）融資に近いものである。担保の有無ではなく事業で判断を行うとするA信用金庫の融資スタンスは，最近本格化している創業・開業融資でも成功の鍵となっている。

地域金融機関には今後，目利き力を発揮して債務者の業況や実態を適切に把

握し，決算書では把握できない資金フローや事業の状況を見極め，債務者の資金ニーズに応需していくことが求められる。このような要請に対し，担保資産の管理等を通じて事業の流れやキャッシュフロー等の継続的なモニタリングを行い，経営実態把握を強化することを目的とするABLは有効な手段となり得る。

②事業性評価への組織的取組み

地域における新事業創出，新産業創出を進めていくためには，企業がイノベーション創出につながる技術・ノウハウを有していることに加え，必要な資金が円滑に調達できる環境も求められる。しかしながら，地域金融機関自身が専門的な知見をもち，企業の技術やノウハウをすべて評価していくことには現実的な制約もある。このため，今後においては，外部の専門家や専門機関の機能をいかに活用していくかの巧拙が地域金融機関の目利き力を左右する一つの要素となる。

B信用金庫では，非財務面の評価を重視しており，地域の公的な産業支援機関による中小企業の技術力・経営力，成長性等を評価する制度に対応した融資商品を開発し，中小企業への円滑な資金供給に取り組んでいる。また，取引先に対して，第三者である専門の調査会社がビジネス全体を評価する「知財ビジネス評価書」を作成する際の支援，「知的資産経営報告書」の作成支援にも取り組んでいる。

また，B信用金庫では，10年以上前に事業内容・事業特性や成長性・収益性・技術力等の事業の無形資産や企業価値を的確に見極める「目利き力」の養成を目的とした公募制の研修を創設し，人材育成を含め，組織的・計画的に取り組んでいる。

③外部機関と連携の上，技術力・経営力の評価に基づく融資商品を提供

C信用金庫では，地域の公的な産業支援機関による中小企業技術・経営力評価制度を裏づけとする融資商品を取り扱っている。オンリーワンの技術力や，新しいビジネスモデルをもつ企業の技術等を評価し，不動産担保がなくても融資を実行できる仕組みを構築している。

また，C信用金庫は，工作機械リース，動産処分などの領域において業界ト

ップレベルのリース会社と業務提携し，バイセル（中古機械取引）と動産買取予約を，モニタリングをベースとした事業性評価融資のための有効なツールとして活用している。

バイセルは，リース会社の「売り」「買い」情報を活用し，中古機械設備の効果的な売買をサポートするもので，新規取引先開拓のアプローチツールとして活用できる。また，動産買取予約は，取引先が同金庫に譲渡担保として提供する設備等をリース会社が買取査定し，買取予約価格を決定後に買取予約契約を取引先，リース会社および同金庫の三者間で締結する仕組みで，買取オプションを行使するか否かの権利については同金庫がもつこととなる。買取りを前もって書面で確約し，通常の売買のような不確実性は介在しない。ABLの一般担保化の実現にも近づくことができ，利用価値は高いと考えられている。

C信用金庫は，地域の公的な産業支援機関に職員を出向させ，かつ，出向を終えた職員に関係当事者間のコーディネーターの役割を担わせるなど，外部機関連携を書面上の形式的なスキームではなく，真に生きたスキームとするため，組織的・計画的に態勢整備を進めてきた。このことが一歩先を進む非財務アプローチを支えている最大のポイントといえる。

④中小企業の補助金活用に対する支援

2012年8月の中小企業経営力強化支援法の施行により，経営革新等支援機関の認定制度（認定支援機関）が開始され，地域金融機関の多くが認定支援機関となり，中小企業の創業や販路開拓，経営改善，事業承継の支援などに取り組んでいる。補助金活用の支援は，これらの各種支援策の一つと位置づけられている。

中小企業向けの補助金は，国や地方公共団体が特定の施策を達成するために交付する返還不要の資金のことである。補助金は大きく，①申請書類をもとに審査を受け交付先が決定されるものと，②要件を満たせば基本的に全員が交付されるもの，に分かれる。信用金庫が中小企業への支援に注力しているのは前者の補助金であり，また申請に当たって認定支援機関の確認書を求められる「ものづくり補助金」なども前者に該当する。

中小企業が補助金を活用する目的は，設備投資や研究開発，従業員の雇用・

教育などに要する資金の一部を獲得できることである。これに加え，①申請書類の作成を通じ自社の強み・弱みなどを確認できること，②補助金の採択が対外的なPR，信用力の向上につながること，などがメリットとして挙げられる。

その一方で，中小企業経営者の多くは日常業務に忙殺され，自社に適した補助金の存在を知ることが困難であったり，公的機関などに敷居の高さを感じて情報にアクセスできていないケースもある。そこで，普段から取引のある信用金庫が補助金に関する情報提供や申請書類の作成支援を行うことにより，中小企業に対して課題解決型営業を展開している。

### [2] コミュニティビジネスへの支援

コミュニティビジネスは，一般的に「市民が主体となって地域・社会の課題を解決する事業」といわれている。地方創生が叫ばれる中，地域社会での課題解決の担い手としてコミュニティビジネスが脚光を浴び，まちづくり，医療・福祉，環境，防災など幅広い分野でコミュニティビジネス事業者が活躍している。その一方，コミュニティビジネスの担い手が増える中で，これらコミュニティビジネス事業者をどのように支援していくかが課題となっている。コミュニティビジネス支援は，「経営面（行政，専門家による支援）」と「金融面（資金面）」の二つに大きく分けられ，この中で中間支援組織や地域金融機関である信用金庫が果たす役割は大きいと考えられている。

具体的取組みとして，D信用金庫では，2004年頃からNPO法人などコミュニティビジネス事業者からの融資相談が出始めたことを受けて，本部担当者が「地域の再生を担うコミュニティビジネスとは何か」についてフィールドワークを重ねながら調査を行った。その結果，コミュニティビジネスとは，「資金は乏しいものの地縁に恵まれておりヒトのつながりで成長している」「非営利とは"儲けてはいけない"ということではない上，利益を貸出の返済原資に充てることは十分にできる」などの結論に至った。

こうした調査結果を踏まえ，地元の税理士等の専門家からアドバイスを受けながら，2005年2月，コミュニティビジネス事業者が成長していくための融資商品の取扱いを開始した。先に述べたとおり，本部担当者による実地調査で

NPO法人の実態を把握していたことから，当時としては県内で先駆けてコミュニティビジネス事業者向け融資に取り組むことが可能となった。この取組みをきっかけに，05年4月に地方公共団体と連携したコミュニティビジネス事業者向け融資商品の取扱いを開始し，コミュニティビジネス支援にいち早く取り組んだ。

E信用金庫は，地方公共団体が人的あるいは予算等の制約で十分な行政サービスを提供しにくくなる中，NPO法人を含むコミュニティサービス事業者の存在を重要と捉え，まちづくりに熱い想いをもって取り組むNPO法人を支援することを通じて，自金庫も積極的にまちづくりに関わっていこうという想いでコミュニティビジネス支援に取り組んでいる。

2014年7月に，コミュニティビジネス支援を積極的に主導している県と県内の他の金融機関とともに協定書を締結した。また，本協定を締結した金融機関とともに活動資金調達勉強会にも参加している。本協定の協力事項でもあるソーシャルビジネス事業化支援とNPO法人向け融資商品創設の2分野を軸に協力する方針を固めている。

こうした中，14年7月に，まちづくりに積極的に関わるNPO法人の活動資金を支援することを主な目的とする融資商品の取扱いを開始した。すでにNPO法人支援を創業サポートデスクで担っていたが，役職員の意識をコミュニティビジネスに向けるために，あえてNPO法人支援だけを取り上げて商品化している。

コミュニティビジネスが持続的に維持，発展していくためには，それぞれの事業への信頼を高め，地元住民を巻き込んだ地域内連携を図っていくことが重要である。また，コミュニティビジネスでは「チームワーク」や「人脈ネットワーク」などが鍵を握り，これから起業したい人材を含めてコミュニティビジネス事業者同士をコーディネートする役割へのニーズはますます高まるだろう。信用金庫など地域金融機関には，そうした役割が期待されている。

### ３ 地域住民・生活者への支援

1996年の金融ビッグバンから2016年で20年。金融行政は，金融システムに関

するそれまでの規制の緩和・撤廃を図ることにより，「自己責任原則」と「市場規律」が有効に働くことを通じて，金融システムの運営において，「安定性」のみならず「効率性」「公平性」「透明性」をも追求しようとしてきた。

それ以前の金融システムは，専門金融機関制度のもとに「垣根」をつくり，「棲み分け」という業務分野規制に加えて，参入規制，金融商品・金利規制といった競争制限的規制があり，「銀行不倒神話」が支配し「護送船団方式」といわれる金融行政が行われていた。しかし，90年代に入るとバブル崩壊とともに金融ビッグバンが実施され，金融機関・金融市場にも市場メカニズムが働くようになり，個々の住民は自己規律・自己責任原則が要求され，自らの判断で金融機関を選択し，金融商品・サービス，金利を選択することが必要となった。同時に，住民も金融機関の破綻・事業譲渡・合併を経験し，ペイオフ解禁，多重債務問題等に直面し，市場経済化の訓練を受けたはずである。

しかし，筆者による「金融教育アンケート」調査によると日本人の金融リテラシーは必ずしも十分であるとはいえない。日本人は，東アジア諸国と比較しても，どの年齢層も，さらに年齢階層が上がるほど，金融教育という言葉自体の「認知度」が低い。また，金融教育の「必要性」はある程度認知していても，金融教育の「イメージ」は「興味がわく」「親しみをおぼえる」よりも，「難解である」「聞き慣れない」「想像しづらい」などが比較的多くなっている。

特に「金融知識」については，日本人は他国と比較してその水準は全般に低いとの自己評価結果であり，年齢が上がると二極化する。特に危惧されるのは預金保険が適用されるとはいえ，日常生活で欠かせない「預貯金」の知識の低さである。「金融知識と行動の関係」については，一般的に金融資産に関する知識が十分にあって金融行動する，金融知識のある人がその金融資産を利用しているのではないかという仮説は，日本人の場合には妥当しない。特に，日本人全体について，年齢が上がればある程度緩和されるといえ，預貯金，クレジットカードなど日常的に利用していながら，金融知識が伴っていないのは課題である。また，証券投資についても，高年齢層ほど知識と行動にかい離がある。

さらに「金融知識と情報源」については，大学生は預貯金，クレジットカードなど日常利用する金融資産については身近な「家族・友人」が，金融経済の

仕組みや証券投資など専門知識が必要な金融資産については「学校」、教養・時事的な情報については「マスメディア」と幅広く利用している。しかし、社会人になると、すべての場合に「金融機関」と「マスメディア」に頼らざるを得なくなっているというのが実情である。さらに深刻なのは、金融知識の前提となる情報を積極的に手に入れようとしていない、あるいは、無関心ということである。

以上、日本人の金融教育について得た分析結果は、言葉の「認知度」も低く、「イメージ」もよいとはいえない。「知識水準」も高くなく、「行動」とも整合せず、「情報源」も積極的に求めていないという特徴がある。しかし、同時に得た結論は「金融知識」の有無、高低によって、これらの状況は改善するというものであった。

それゆえ、地域住民・生活者も「自己規律」と「自己責任」を自覚し、金融情報を積極的に収集し、知識の向上を図る自己努力する必要がある。他方、家庭、教育機関、マスメディア、地方公共団体、さらに地域金融機関はそれぞれが情報源としての役割を自覚して、金融教育を実践していくことが重要である。特に、地域金融機関には自らの業務としてはもちろん、地元教育機関、地方公共団体と連携して金融教育の普及活動を支援して欲しい。

## 4 地域の持続的発展のための地域金融機関の役割：産学官金労言の連携強化

日本は、この20年間で人口減少、少子高齢化、東京一極集中という問題に直面するようになった。地域の「負のスパイラル」に歯止めをかけ、地域の発展、地域住民の福祉の向上のためには、地域産業・事業者、地域住民、地方公共団体に加え地域金融機関、大学等地域のステークホルダーの各々が自らの課題を解決することはもちろん、各々がもつ資源の強みを発揮して連携することが、地域の持続的存続・発展のためにますます重要である。

筆者の所属していた横浜市立大学とかながわ信用金庫は2011年12月に、「産学連携に関する基本協定書」を締結し、教育面で人材育成を担ってきた横浜市大と、地域と地域住民・事業者に役立つことを目指してきたかながわ信用金庫とが、互いがもつ固有の資源を有効活用・相互補完して、地元神奈川県三浦市

の観光振興による地域活性化について取り組むことになった。地域経済の発展なくして，日本経済の発展もない。産学連携は，教育・研究を通じて地域貢献活動を行う公立大学側にも，地域で活動し地域密着型金融を推進する地域金融機関側にも，必然性のある事業活動と考えられる。

　産学連携による地域振興を推進しようとした筆者の動機の一つは，金融庁で自らリレバンといわれる地域密着型金融に関するワーキンググループの委員に就任したこともあり，地域と歩む地域金融機関，とりわけ信用金庫の「ビジネスモデル」「産学連携」のあり方に研究面で関心があったためである。もう一つは横浜市立大学で教育に携わってきて，学生たちへの教育のあり方として，学生に現場で，自ら課題を発見し，自ら解決するというフィールドワーク，アクティブラーニングを実践する必要性を感じていたからである。

　この産学連携は，国の施策である上述の「地方創生」に先立って，まず三浦半島の実情を探るための「視察」，三浦市人口，財政，地域経済計算，および独自に作成した「三浦市地域産業連関表」などによる「定量分析」，三浦市に対する他地域からの「イメージ・アンケート」，三浦市への「来訪者向けアンケート」を実施し，三浦市の位置づけ，実態把握を行い，課題の発見に努めた。首都圏であるにもかかわらず人口減少，少子高齢化が先駆けて生じ，財政は「緊縮財政宣言（脱・イエローカード）」を2011年度から継続している状態にあった。地域産業構造をシェアと特化係数等の指標を用いて，市内での比重，全国と比較した特徴を分析し，地域の個性や強み・弱みを認識した。また産業連関表から所得・雇用が域外に流出し，域内生産も少ない上に感応度係数，影響力係数で見て域内産業間連携が低いことが理解できた。なお，このような分析手法は，今次の地域総合戦略策定における地域経済分析システム（RESAS）によるKPIの設定，PDCAサイクルによる進捗管理にも不可欠である。「イメージ・アンケート」調査によって，観光地としてのブランド力に加えて，地域産品等を含む地域資源の吟味，地域ブランド確立の可能性を探った。また，「来訪者向けアンケート」調査により観光客の年齢，出発地，立ち寄り場所，滞在時間，予算，観光地の旅行前後の評価・課題などを検討した。

　さらに，地元で受入れ可能で，実効性・実現性のある課題解決のための政策

提言を行うことを目標に，三浦市に関連する方々30者（神奈川県，三浦市などの自治体，商工会議所などの地元事業者，京浜急行電鉄・観光関連業者）への「ヒアリング」を実施した。生の声を踏まえた上で，三浦市固有の強み・弱みを「SWOT分析」で抽出し，地域振興・観光振興のための「コンセプトの設定」と，取るべき「施策内容の検討」「組織体制」「経済波及効果（生産・所得・雇用・税収効果）の算出」を行い，『報告書』と「パンフレット」に取りまとめ，地元で関係者を集めシンポジウム「観光振興による産業間連携と地域活性化—都会から一時間，大自然と美食が気楽に楽しめる町，三浦—」を実施した。また翌年には関東財務局主催「地域密着型金融に関するシンポジウム　地域経済活性化に向けた産学官金の役割や課題について」(http://kantou.mof.go.jp/kinyuu/pagekthp031000182.html) で発表した。

　このプロジェクトで，産学連携先である地域金融機関であるかながわ信用金庫側には，地域の事情に詳しいという面を最大限生かした視察先のアレンジ，アンケート調査の現地での実施協力，ヒアリング先の選定・調整，シンポジウムの企画・運営，報告書の作成等，また地元で現実に受け入れ可能な政策提言内容の作成にも支援を得た。

　産学連携について得た知見・留意すべきポイントは，第一に，当然のことであるが産学連携は協定締結までが，時に新聞発表，写真撮影までが最終ゴールではないということである。実際に協定内容を実現できるようにプロジェクトの企画・進捗管理を進めて，一定期間ごとに地元で成果を発表し，地元の意向を反映しつつ，行政も含めて関係者を意識的に巻き込んでいくことである。特に，地域振興といった連携は一過性のものではなく，互いに所期の目的を達成するまで継続することが重要である。第二に，互いのもつ資源がもともとは違うということを意識し，比較優位，強みを生かした役割分担を明確にすることである。第三に，当事者のトップ同士が当事者意識をもち，連携目的について強い認識をもって合意し，互いに連携・意思疎通するとともに，両方の組織を，責任をもって円滑に動かし，WIN-WINの関係を構築することが重要である。

　特に実践編で重要なことは，当該地方公共団体はもちろん，地域で生産面・雇用面でインパクトのある企業，産業連関上も比重の大きい農林水産業や観光

業などの主要産業を地方創生の当事者にすることであろう。注意すべきは，地元自治体および事業者には当該「地域経済内循環」への配慮も必要であろうし，地域金融機関も日頃の取引関係を超えて，事業者間を調整する役割が求められる。参加誘因を確実にするには，連携効果を地域経済全体および各参加者へ示すことが必要であろう。

　なお，留意すべきは地方総合戦略を作成する単位が地方公共団体ということであろう。もちろん行政単位である1地方公共団体だけで完結する課題もあれば，経済圏も考えた地方公共団体間の水平・垂直連携が「規模と範囲の経済性」により，より大きな成果をもたらす可能性があり，特に人口減少社会における社会資本の維持などを考えると部分最適よりもより全体最適を実践する必要がある。この意味で，地域も三浦市から拡大して経済的に一体感のある三浦半島全域に拡大し，前述の産学連携協定を2016年4月に産官学金労言に再構築し，参加主体も横浜市立大学とかながわ信用金庫の2者から交通インフラである京浜急行電鉄，情報インフラ（新聞等）である神奈川新聞社，教育・研究インフラである関東学院大学，地域商工団体としてのネットワークをもつ横須賀商工会議所，三浦商工会議所の7者を会員，神奈川県をオブザーバーに拡大して再スタートし，地域経済の持続的発展に寄与する予定となっている。

　　［付記］　本章の内容および意見は執筆者個人の見解です。

**参考文献**
経済財政諮問会議，2014，『地域経済の「集約」と「活性化」に向けて』。
厚生労働省，2015，『平成27年版　厚生労働白書』。
厚生委労働省，2014，『平成27年版　労働経済の分析』。
国土交通省，2014年3月，『新たな「国土のグランドデザイン」骨子参考資料』。
国土交通省，2014年7月，『新たな「国土のグランドデザイン2050」骨子参考資料』。
信金中央金庫，2015，「信金中金月報2015.8増刊号」。
信金中央金庫，2016，『全国信用金庫概況・統計　2015年度』。
信金中央金庫，2016，「信金中金月報2016.2増刊号」。
信金中央金庫，2016，「信金中金月報2016.8増刊号」。
全国信用金庫協会，2016，『信用金庫職員のための経済金融ガイド　2016年版』。

中小企業庁, 2015, 『2015年　中小企業白書』。
中小企業庁, 2016a, 『2016年　中小企業白書』。
中小企業庁, 2016b, 『2016年　小規模企業白書』。
内閣府, 2014, 『国民生活基礎調査　2013年版』。
内閣府, 2016, 『地域の経済　2016』。
日本経済再生本部, 2014, 「生産性の向上, イノベーションの創出に向けて（説明資料）」。
日本創成会議・人口減少問題検討分科会, 2014, 「ストップ少子化・地方元気戦略」（要約版）。
藤野次雄, 2014, 「巻頭言　産学連携と地域振興」『信金中金月報』第13巻第13号。
藤野次雄, 2014, 「日本における金融経済教育の現状・課題と今後の方向——各国比較, 年齢別比較, 金融経済知識の有無比較をとおして」『信金中金月報』第13巻第7号。
まち・ひと・しごと創生本部, 2014, 『まち・ひと・しごと創生長期ビジョン』。

$\left(\begin{array}{l}\text{藤野次雄：第1節, 第2節1, 2, 4項, 第4節3, 4項}\\ \text{松崎英一：第2節3項, 第3節, 第4節1, 2項}\end{array}\right)$

# 第3章

# 地域社会における財政

　私たちが健康で安心して暮らしていけるよう様々な行政サービスを提供するのが政府，特に地方団体です。都道府県や市町村政府の活動があってはじめて私たちは消防や警察に守られ，公園でリラックスし，図書館で小説や古今の名著を楽しむことができます。もちろん，これらサービスに対して，税や使用料などの形で負担しますが，誰がどれだけの便益を受け，どれだけの負担をするか，なかなかに測定し難い問題です。本章では，私たちの生活に密接な行政サービスや地方団体が提供する水道などの地方公営企業の活動を財政の視点から考えます。

## 第1節　生活者の負担と受益

### 1　生活者の負担

①能力説と利益説

　生活者の負担を考える際に参考となるのは，古典的な租税原則に関わる「利益説」と「能力説」による受益と負担の説明である。「利益説」によると，人は受けた便益に応じて負担すべきである，となり，「能力説」によると，人は担税力に応じて負担すべきである，となる。能力説は，さらに同じ担税力のある人は同じ負担をすべきであるとする「水平的公平」と，担税力の大きな人は，より大きく負担すべきであるとする「垂直的公平」からなっている。[1]

　この能力説は，各人の便益が測り難い政府のサービス，例えば防衛関係費などに適用される。一方，図書館や公園などは，利用者が地域的に限定され，しかも，受益者も限られるため，資源配分の意味からも一般に利益説がふさわしい。[2]

　市町村が提供する水道は，使用量に応じた料金負担となる。市町村が運営す

るバスの料金も利用者が負担する。その一方で，戸籍や住民票の管理などの一般行政サービス，図書館の維持管理の経費，義務教育や地域の土木工事などの費用は，直接便益を受ける利用者ではなく，年間の所得の多寡や資産の大きさや世帯員数に応じて社会全体で負担する。

②負担と便益の乖離

通常の市場で得られる財・サービスと異なり，行政の提供する多くの財・サービスには価格がついておらず，受益者と負担者との間に直接対応関係がない。子どもをもつ親は，学校教育から大きな便益を得ているのに対し，子どものいない者にとれば，学校教育を充実させるような行政サービスからは直接の便益を得られないのである。(3)

家庭から出るごみ収集も地方団体が責任をもち，特にごみ処理の料金は求めない。しかし，家庭によって出すごみの量は異なっており，必ずしも高額納税者が大量のごみを出すとは限らない。後に見るように，私たちは，受益と負担を考える際，世帯を構成する人々の年齢，子どもの有無，などを詳細に考慮に入れた分析に迫られる。

ここで，生活者の立場から，負担と受益の関係を分析しよう。生活者は，日々の暮らしの中で，「何をどれだけ負担」し，「どれだけ行政サービスを得ている」だろうか。負担した分に見合う受益を享受しているだろうか。負担面では税と社会保険料負担，受益面では医療，年金，介護，義務教育，保育などの給付や，警察，図書館などの公共サービスが考えられる。

毎年内閣府から公表される『経済財政白書』の2015年版は，「全国消費実態調査」に基づき，世帯類型別の受益と負担の金額を算出している。受益は「教育・保育」と「年金・医療・介護」であり，負担は「税」と「社会保険料」である。世帯を，30代から60代の年代別，子どもの有無，さらに共働きかどうかによって類型化する。これらの世帯の中で「受益マイナス負担」が最も大きい世帯は，年金給付の大きい「60代子供なし」である。教育・保育の恩恵を受ける子育て世帯も受益が大きい。反対に，「40代子供なし・共働き」世帯は，社会保険料の負担が大きい反面，受益は医療サービスに限られる。(『日本経済新聞』2015年8月19日付)

さて、私たちは、地方団体に払う地方税だけではなく、国に対しても所得税などの国税を負担している。地方団体はそれぞれに人口も年齢構成も人々の所得水準も異なっているため、地方税収だけでは公共サービスを賄うのが困難な団体も多数ある。そこで国は集めた税の一部を各地方団体の必要に応じて分配する仕組み、いわゆる「地方交付税交付金」などを通じて、地方団体間の税収の格差を是正する。この制度によって、どこに住んでいても、他の地域の人々とほぼ同じ水準の地方団体のサービスを享受することができるのである。負担はどうか。私たちの受ける公共サービスの費用は、私たちが負担する地方税だけでなく、他の地方の人々が納めた国税の一部が混入している。このため、受益と負担の関係がきわめて複雑になっている。これらの点は後に論じるとして、まず医療の面から負担と給付の関係に注目しよう。

### 2 医療保険

①五つの健康保険制度

医療の国民皆保険が実現したのは1961年であった。国民全員を包摂する健康保険制度は、次の五つの制度からなっている。

「国民健康保険」（国保と略される）は、75歳未満の自営業者、無職者、フリーランス、退職者などが加入する保険である。

「協会けんぽ」は、2008年、それまで国が運営していた政府管掌保険を、新しく設立された全国健康保険協会が運営する制度に移行させたものである。都道府県ごとに支部が設けられ、中小企業を中心とした地域の被用者や事業主の事情に配慮した保険が成立した[4]。

「健康保険組合」（健保と略される）は、主として大企業が従業員とその家族のために単独でつくることもあるし、同一業種の複数の企業が合同して健保組合をつくることもある。

「共済組合保険」は公務員、教職員およびその家族が加入する保険である。

さらに、75歳以上の高齢者を被保険者とする「後期高齢者医療制度」は、医療費がきわめて高い年代の高齢者を切り離して独立の制度としたものである。この制度は、他の四つの制度が財政的に支える仕組みになっている。

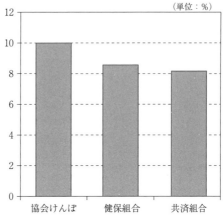

図3-1 被用者保険の制度間保険料率格差

(注)1：データは2013年度。協会けんぽ10％，健保組合8.6％，共済組合8.2％の数字はいずれも平均値である。共済組合の保険料率は国家公務員の場合である。
2：協会けんぽは，都道府県支部で運営されているため，都道府県の間にも保険料率などに格差がある。https://www.kyoukaikenpo.or.jp/g7/cat725/sbb7210/info261025 2016年7月26日閲覧。
(出所) 全国健康保険協会のホームページ。

国民皆保険とは，全国民が以上の五つの保険制度のいずれかの被保険者となっていることを意味する。

②被用者保険

企業や役所に勤める被用者の保険である「協会けんぽ」「健保組合」「共済組合保険」の三つの制度の保険料率の間には格差がある。さらに，協会けんぽについては，都道府県の間にも格差があり，医療サービスは同一でありながら，制度によって保険料負担が異なるのである。これらの比較を図3-1で示す。

図3-1を見る場合，注意が必要である。年金の保険料と異なり，健康保険は家族単位の加入が原則である。したがって，単身者の負担も，7人の扶養家族をもつ者も標準報酬月額が同じであれば，負担する保険料は同じとなる。このため，被保険者一人当たり保険料を比較すると，単身者の負担は大きくなる。

図の注2でも指摘しているように，協会けんぽは都道府県によって保険料率が異なり，2016年度の保険料率によると，最も高い料率は佐賀県の10.33％で

あり，最も低い料率は新潟県の9.79%である(5)。

それぞれの健康保険は，「後期高齢者医療制度」を支えるために，拠出金を出すことを義務づけられている。被用者保険の中で財政構造が赤字体質である協会けんぽについて，その母体である全国健康保険協会は，この高齢者医療への拠出金が財政を圧迫する点を指摘している。すなわち，被保険者から徴収した保険料のうち，40.8%（3.5兆円）を拠出しなければならず，58.3%（5兆円）が本来の保険給付・健康診断・保健指導に使われる。被保険者一人当たりにすると，年間17.3万円を拠出し，24.7万円が保険給付などに充てられることになるのである(6)。

さらに，同協会は，医療費が増加する一方，一人当たりの標準報酬月額が伸び悩んでいることから保険料収入が増えないことも赤字の理由としている。

③国民健康保険

次に国民健康保険（国保）に議論を移そう。国保の保険者は市町村であり，被保険者が同一の医療サービスを受けても，住む市町村や，家族の所得や人数などによって保険料負担は異なる。

具体的に国保の保険料の算出方法を見てみよう。基本は，被保険者ごとに計算された保険料を世帯単位で合算し，世帯主が納付する。

保険料は次の３区分からなる。

　１）医療分（医療給付に充当分）
　２）後期高齢者支援金分（後期高齢者医療制度を財政的に支える分(7)）
　３）介護分（介護給付に充てる分。40歳以上65歳未満の被保険者に適用）

　これら３区分の合計が保険料となる。

計算方法としては，「所得割」「資産割」「均等割」「平等割」の四つの組合せを各市町村が決める。市町村間で保険料の格差が生じてくる一つの要因は，この組合せの違いと保険料率の違いである(8)。「所得割」は基礎控除後の所得に保険料率を乗じ，「資産割」は固定資産税に保険料率を乗じ，「均等割」は世帯人数に均等割額を乗じたものである(9)。「平等割」は世帯当たりいくらと決められている。

④国民健康保険の保険料の計算例

例として,東京都立川市に住む自営業Aさんの世帯を取り上げよう。Aさんは妻と食堂を経営し,子どもが2人いる。

Aさん(50歳)事業所得 4,500,000円(ここでの事業所得は,必要経費を差し引いた後のAさんの所得である)。

妻(45歳)給与所得 2,000,000円(夫の経営する食堂で働いて得た所得である)。

長男(21歳)大学生と長女(17歳)高校生

Aさんの固定資産税額 年間 85,000円

**①医療分の保険料**

所得割 Aさん (4,500,000円−330,000円)×0.0602=251,034円
　　　　妻 (1,220,000円−330,000円)×0.0602=53,578円
(Aさんの所得から基礎控除330,000円を差し引く。妻の給与所得から給与所得控除780,000円を引いて得られた金額から基礎控除を差し引く。それぞれの控除後の金額に,立川市の医療分の所得割料率6.02%を乗じる。なお,給与所得控除とは,事業所得で認められている必要経費に該当するもので,給与の額に応じて控除額が決められている。)

資産割 85,000円×0=0円(立川市は資産割を設定していない)

均等割 28,700円×4=114,800円(立川市の一人当たり均等割28,700円に世帯人数を乗じる)

平等割 0円(立川市は平等割を設定していない)

合計すると医療分の保険料は419,412円となる。

**②後期高齢者支援金分の保険料**

所得割 Aさん (4,500,000円−330,000円)×0.0212=88,404円
　　　　妻 (1,220,000円−330,000円)×0.0212=18,868円
(Aさんと妻の控除後の所得に,立川市の後期高齢者支援金分の保険料率2.12%を乗じる)

資産割 0円

均等割 10,800円×4=43,200円(立川市の一人当たり均等割10,800円に世帯人数を乗じる)

平等割 0円

合計すると150,472円となる。

③介護分の保険料
　所得割　Aさん（4,500,000円－330,000円）×0.015＝62,550円
　　　　　妻（1,220,000円－330,000円）×0.015＝13,350円
　（Aさんと妻はいずれも40歳以上65歳未満の年齢層に該当するので，立川市の介護分の保険料率1.5％をそれぞれに乗じる）
　資産割　0円
　均等割　13,100円×2＝26,200（立川市の一人当たり均等割は13,100円である。ここでの均等割の人数は2人になることに注意）
　平等割　0円
　合計すると102,100円となる。
①～③を合計すると671,984円となり，これがAさん世帯の1年間の国保保険料である。
注：実際の計算では，①，②，③ごとに100円未満切り捨てとなる。すなわち，①419,400円，②150,400円，③102,100円の合計，671,900円が納付する保険料である。

　保険料が地域によって異なることを見るために，Aさんが千葉県浦安市に住んでいるとしよう。**表3-1**を用いて計算すると，1年間の国保保険料は564,504円となる。以上の結果を表3-1にまとめよう。なお，保険料については，医療分，支援金分，介護分それぞれについて，上限が設定されており，保険料は上限を超えることはない。

　両市の1年間の世帯の保険料の相違は，人口構成にも大きく依存している。浦安市の保険料が相対的に低いのは，生産労働力人口比率が高く，比較的所得の高い世帯が多いからである。

　人口の少ない市町村の例として，徳島県勝浦町の事例を紹介しよう。2015年1月1日現在の勝浦町の人口は5651人で世帯数は1881世帯である。国保に加入している被保険者は1332人（勝浦町の人口の23％），世帯数は791世帯（勝浦町の世帯の42％）であった。この年，被保険者一人当たり保険料は86,000円，国庫支出金は130,000円，保険給付費は304,000円であった。なお，この勝浦町の保険料収入額は，徳島県24市町村の中で10位にランクされ，同県の市町村平均をやや上回っている。

　立川市と浦安市に勝浦町を加えた総合表を**表3-2**に示す。

　最近の国保をめぐる問題として，加入者の中に，被用者保険に加入できない

表 3-1　立川市と浦安市の国保保険料

| | 医療分 | | | 後期高齢者支援金分 | | | 介護分 | | | 年間保険料 |
|---|---|---|---|---|---|---|---|---|---|---|
| | 所得割 | 均等割 | 平等割 | 所得割 | 均等割 | 平等割 | 所得割 | 均等割 | 平等割 | |
| 立川市 | 6.02% | 28,700円 | 0 | 2.12% | 10,800円 | 0 | 1.5% | 13,100円 | 0 | 671,984円 |
| 浦安市 | 6.54% | 13,200円 | 24,400円 | 1.4% | 4,000円 | 0 | 0.9% | 12,000円 | 0 | 564,504円 |

（出所）　浦安市「国民健康保険税の決め方」　http://www.city.urayasu.lg.jp/fukushi/kokuho/gaiyo/1001290.html
　　　　立川市「国民健康保険料」　http://www.city.tachikawa.lg.jp/hokennenkin/kurashi/hoken/kokubo/sedo/hokenryo.html
　　　　に基づき筆者作成。2016年6月10日閲覧。

表 3-2　立川市・浦安市・徳島県勝浦町の国保の概要

| | 人口（人） | 世帯数（世帯） | 加入世帯数（世帯） | 被保険者数（人） | 保険料収入額 一人当たり（千円） | 国庫支出金 一人当たり（千円） | 保険給付金 一人当たり（千円） |
|---|---|---|---|---|---|---|---|
| 立川市 | 179,090 | 80,916 | 9,657 | 47,688 | 95 | 79 | 256 |
| 浦安市 | 162,914 | 71,411 | 21,276 | 34,577 | 92 | 84 | 235 |
| 勝浦町 | 5,651 | 1,881 | 791 | 1,332 | 86 | 130 | 304 |

（注）　人口はいずれの市も2015年1月1日現在。
（出所）　各市町の「財政状況資料集」2014年度に基づき筆者作成。

被用者が増えてきていることが指摘されている。この結果,「国保の保険料の納付状態は非常に深刻」な状態となっている（西沢, 2011, 233頁）。さらに, 保険料収入が当初の予算に満たない場合, 一般会計から繰出金として支出され, 国保の特別会計に繰入金として補填することがある。

　ここで論じた40歳から64歳の人の保険料には, 介護保険料が加わっている。そこで, 次に介護保険のみを取り上げて検討しよう。

### 3　介護保険

①介護保険と従前の老人介護

　医療と介護を区別し, 社会全体で介護を必要とする人々を支えていこうとし, 2000（平成12）年に介護保険制度が施行された。それ以前の老人介護には,「老人福祉」と「老人医療」の2種類があった。

　従前の「老人福祉」にも, 市町村の提供する特別養護老人ホームやデイサービスがあったが, 利用者はサービスの内容を決められず, 利用料金も所得に応

第3章 地域社会における財政

図3-2 介護保険と従前の制度の対比

```
世帯主は年収800万円の給与所得者
老親が月20万円の年金受給者

【従前の制度】
 ・特別養護老人ホーム 月19万円
 ・ホームヘルパー 1時間950円

【介護保険】
 ・特別養護老人ホーム 月5万円
 ・ホームヘルパー 30分～1時間400円
```

（出所） 実際の料金に基づいて，筆者作成。

じて決まっていた。また，「老人医療」も介護を理由とする一般病院への長期入院の問題が生じていた。こうしたことが社会問題として意識されるようになり，社会全体で介護する社会保険としての介護保険が成立したのである。

　図3-2は，介護保険導入前後の利用者の負担を対比している。介護保険を利用すると，所得に関わりなく，介護サービス費用の1割の負担となる。この介護費用は市場メカニズムに見合った金額が設定されていることがわかる。すなわち，特別養護老人ホームの利用料は月50万円であり，ホームヘルパーの利用料金は30分～1時間4,000円となっている。介護保険を利用すると，老人ホームの費用は月5万円，ホームヘルパーを1時間依頼すると費用は400円である。

②介護保険の例

　介護保険は，市町村が保険者となり，40歳以上の人々が保険料を払い，必要に応じて介護サービスを受ける。東京都板橋区を例にとり，介護保険事業を見てみよう。

　2016（平成28）年度の介護保険関連の予算総額は376億円である。歳入面では，65歳以上の第1号被保険者の負担する保険料は81億円，40歳から64歳までの第2号被保険者の負担する保険料は103億円で，保険料収入が全体のほぼ半分を占める。

　東京都板橋区の介護保険事業の歳入状況を円グラフで表したのが図3-3である。

91

**図 3-3　東京都板橋区の介護保険事業の歳入予算**

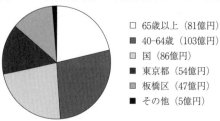

- 65歳以上（81億円）
- 40-64歳（103億円）
- 国（86億円）
- 東京都（54億円）
- 板橋区（47億円）
- その他（5億円）

（注）　数字は概数である。
（出所）　東京都板橋区介護保険課「介護保険料のお知らせ」。

**図 3-4　東京都板橋区の介護保険事業の歳出予算**

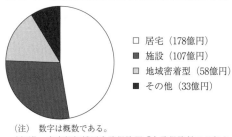

- 居宅（178億円）
- 施設（107億円）
- 地域密着型（58億円）
- その他（33億円）

（注）　数字は概数である。
（出所）　東京都板橋区介護保険課「介護保険料のお知らせ」。

　一方，歳出は，保険給付費が総額376億円の91％を占める。保険給付費は，居宅178億円，施設107億円，地域密着型58億円からなる。これに，その他33億円が加わる。**図 3-4** は，歳出予算をグラフ化したものである。

　歳出総額376億円のうち，ほぼ半分近い47％を「居宅」が占めている。「居宅」とは訪問看護であり，ヘルパーが介護を必要とする人の居宅を訪れ，介護サービスを提供する。「施設」は，特別養護老人ホーム等に入っている人の介護費用である。「地域密着型」とは，「住み慣れた地域でいつまでも元気に」をスローガンに，区内に住む人を対象に板橋区が介護予防サービスなどを提供するものである。

## 第 2 節　地方団体の役割と生活者

### 1　国と都道府県と市町村の財政

①国と地方団体の役割分担

わが国の行政は，国と都道府県と市町村に分かれている。国の役割としては，わが国全体に関わること，例えば外交，防衛などが想起される。私たちの暮らしに密接に関係するのは市町村である。市町村は，ごみ収集，図書館，公園などのサービスを提供し，公益事業として上下水道，バスなどの交通，病院，駐車場，ところによっては公設市場などを経営している。それでは，国と市町村の間に位置する都道府県の役割は何であろうか。

総務省「国と地方の役割分担について」は，都道府県の役割は，市町村を包括する広域の地方団体として，①広域にわたるもの，②市町村に関する連絡調整に関するもの，③その規模または性質において一般の市町村が処理することが適当ではないと認められる事務を処理することと規定している。[14]

②国と地方の対比

数字的に国と地方の関係を見ていこう。

2013（平成25）年度の国内総生産は名目で483兆円であった。同年の国と地方を合わせた政府支出のうち，重複部分を除いた歳出純計額は，165兆円であった。この歳出純計額を最終的に支出している主体は，国が69兆円（全体の42％），地方が96兆円（全体の58％）で，図3-5に見るように，ほぼ6対4と地方の支出のほうが国より大きい。(『地方財政白書』平成27年版，3頁)[15]

表3-3は，国と地方の役割分担の割合を示したものである。特に，100％地方が負担する衛生費は，医療，公衆衛生，精神衛生，ごみなど一般廃棄物の収集・処理などを含む。学校教育費や戸籍などの一般行政費もまた地方団体が大きな役割を果たしている。

③国と都道府県と市町村の役割分担

全国知事会は，これからの都道府県と市町村の役割分担を決める六つのメルクマールを提示した。その第一は，産業に関わることは都道府県で行い，生活

図3-5 国と地方の支出（平成25年度）

■ 国 69兆1,064億円
□ 地方 96兆6,444億円

（出所） 総務省『地方財政白書』平成27年版。

表3-3 国・地方を通じる純計算出規模（目的別）

|  | 地方の割合（％） | 国の割合（％） |
| --- | --- | --- |
| 全　体 | 58.3 | 41.7 |
| 衛生費（保健所・ゴミ処理等） | 100 | 0 |
| 学校教育費（小・中学校，幼稚園等） | 87 | 13 |
| 司法警察消防署 | 78 | 22 |
| 社会教育費等（公民館，図書館，博物館等） | 74 | 26 |
| 民生費（児童福祉，介護，生活保護等） | 72 | 28 |
| 国土開発費（都市計画，道路，橋りょう，公営住宅等） | 74 | 26 |
| 一般行政費等（戸籍，住民基本台帳等） | 81 | 19 |
| 民生費（年金） | 0 | 100 |
| 防衛費 | 0 | 100 |

（出所）　総務省『地方財政白書』平成27年版4頁に基づき筆者作成。

に関わるものは市町村が行うというものである。第二に，法人に関わるものは都道府県，個人に関わるものは市町村が担う。その他のメルクマールは，広域性，専門性などの観点を考慮したものである。[16]

④国から地方への税の交付と譲与

　国の行う事業は国の税収で賄い，地方の行う事業は地方の税収で賄うとすると，地方団体は，地理的にも，人口構成的にも異なっているので，収税力に差が出てくる。したがって，義務教育，生活保護，保健など，全国的に実施しなければならない事業の共通レベルを達成するため，国は経費の一部を負担する。

　生活保護を例にとろう。保護は個人ではなく世帯単位で行われる。[17]生活保護にもいくつかの種類があるが，通常，生活に困窮して保護を認められた者に対する「保護費」は4分の3を国が負担し，残りの4分の1を地方団体が負担する。

大阪市の場合，生活保護費用の4分の1を負担するため，年間，国庫支出金を含めた2860億円の予算が必要となり，この額は総予算の17%を占める。保護は，生活，教育，医療などの様々な扶助の組み合わせで行われる[18]。小学生の子をもつ母子世帯の母親は，例えば，生活扶助，教育扶助，住宅扶助，医療扶助を受ける。

　地方団体にとって，生活保護は予算的にも大変重い。国と地方の役割分担について，阿部他は，地方団体から「高齢者の所得保障は（国の運営する）年金の役割であるとの批判がある」（阿部他，2008，81頁）と指摘する。国と地方団体の役割分担の再検討を要する課題の一つである。

　地方団体は，しかし，独自の事業をやるにしても，十分な税収を確保できないことが多い。「地方交付税」は，この税の偏在を補正する役割を担っている。日本のどこで生まれても，標準的な行政サービスを享受できるよう，地方団体の必要に応じて国から交付されるものである。この交付総額は，所得税と法人税の33.1%，酒税の50%，消費税の22.3%，さらに地方法人税の全額からなっている。

### ２　市町村の財政

①市町村予算の歳入

　市町村の提供するサービスに対する私たちの負担を考えよう。まず，市町村民税，家や土地に課せられる固定資産税，都市計画税がある。これら「市町村税」は，市町村が自ら集めた「自主財源」である。また，国から交付される「地方交付税」「地方譲与税」「地方消費税交付金」などは「依存財源」であり[19][20]，これらの財源は，航空機燃料譲与税を除き，使途を定めず自由に使える「一般財源」である。

　依存財源として，国から「国庫支出金」，県から「県支出金」が交付されるが，これらは使途の限られた「特定財源」である。市町村の借金である「地方債」も依存財源であり，特定財源である。

②市町村の歳入・歳出予算の例

　市町村の予算の具体的な例として，千葉県船橋市の平成27年度一般会計予算

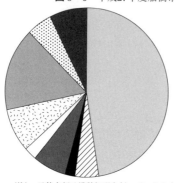

図 3-6 平成27年度船橋市一般会計予算歳入

- 市税（960億円）
- 地方消費税交付金（93億円）
- 地方交付税など（40億円）
- 地方譲与税（135億円）
- その他（51億円）
- 市債（164億円）
- 国庫支出金（322億円）
- 県支出金（99億円）
- その他（147億円）

（注）　予算金額は端数処理を行っているため，合計金額は一致しない。
（出所）　船橋市「平成27年度船橋市一般会計予算書」。

歳入をグラフ化したものが図3-6である。グラフから市と国，県との関係を読み取ることができる。

　人口62万人の船橋市の予算規模は，2011億1000万円で，例年人口が増えている同市は，予算規模もほぼ右上がりに増加している[21]。

　船橋市の歳入の最も大きな割合を占めるのは歳入全体の48％を占める市税である。市税には，個人市民税，法人市民税，固定資産税，市たばこ税，事業所税，都市計画税，軽自動車税がある[22]。

　国からは，地方消費税交付金が93億円，地方交付税が40億円，地方譲与税などが135億円，国庫支出金が322億円である。これら国からの交付金は590億円となり，船橋市の歳入の約29.3％となる。千葉県からの補助金は99億円である。その他には，公民館やスポーツ施設の使用料，保育料などを含む。

　次に，私たちの受ける市町村からの便益を考える。地方団体が提供するサービスには，福祉，教育，ごみ処理，道路整備，消防などがある。図3-7は，船橋市の平成27年度の一般会計予算歳出を円グラフで表している。まず，「義務的経費」は，法令等で支払いが義務づけられている経費である。予算全体のほぼ4分の1を占めるのが「扶助費」であり，医療給付や生活保護などの福祉関連の経費を賄う。職員の給料などの「人件費」が18％，国の予算の国債費に当たる「公債費」は，市債の利払いや償還費で，ほぼ6％を占める。これら義務的経費でほぼ予算の半分が使われる。

第3章　地域社会における財政

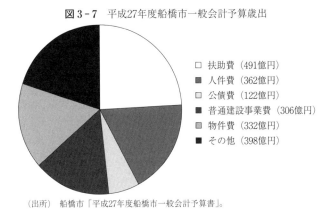

図3-7　平成27年度船橋市一般会計予算歳出

（出所）　船橋市「平成27年度船橋市一般会計予算書」。

「投資的経費」としての「普通建設事業費」は，学校，公園，道路などの市の管理する公共施設などの整備に使われ，予算の15％を占める。その他の経費として光熱水費や施設の管理費などの「物件費」16％，「その他」が20％である。

船橋市が公表している「平成27年度船橋の台所事情」は，私たちの生活に密着した行政サービスの財政的な内訳をわかりやすく教えてくれる[23]。それによると，ごみの収集・処理に年間71億円かかり，一世帯当たり2万5758円となる。

住民の安全を守る警察は，都道府県の管轄であり，市が担当するのは，消防・救急分野である。消防・救急の費用は年間58億円，市民一人当たり9262円である。船橋市では，この金額は市税から9228円，国と県からの補助金1円，その他33円から賄われる。消防や救急活動の利用者の負担はない。

学校給食にかかる予算は，小・中・特別支援学校について市が責任をもつ。必要な経費は一人当たり年額10万8179円。それを市税で5万6268円賄い，給食を利用する児童・生徒の保護者や教職員が5万1909円負担している。その他として2円が加わる。さらに，義務教育については，市町村が小中学校を設置し運営する一方，都道府県が教職員を任命し，教職員の給与総額の2分の1を負担する。残り半分は，国が負担する。

これらからわかるように，市税を中心に市の公共サービスは賄われているが，義務教育などに関わる経費については，国と県から補助を受けている。

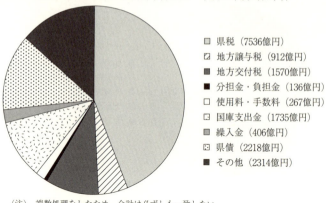

図3-8　千葉県一般会計予算歳入　平成27年度当初予算

- 県税（7536億円）
- 地方譲与税（912億円）
- 地方交付税（1570億円）
- 分担金・負担金（136億円）
- 使用料・手数料（267億円）
- 国庫支出金（1735億円）
- 繰入金（406億円）
- 県債（2218億円）
- その他（2314億円）

（注）　端数処理をしたため，合計は必ずしも一致しない。
（出所）　千葉県財務局　https://www.pref.chiba.lg.jp/zaisei/press/h27nendo/documents/004_27sainyusaisyutsu.pdf　2016年7月10日閲覧。

### 3　都道府県の財政

①都道府県予算の歳入・歳出

　都道府県レベルでの財政を見ておこう。歳入面は，「県税」「地方譲与税」「地方交付税」「分担金・負担金」「使用料・手数料」「国庫支出金」「繰入金」「県債」「その他」からなる。

　「県税」は，「個人県民税」，法人事業税と法人県民税からなる「法人二税」「地方消費税」が中心となる。

　「地方譲与税」は，地方の特定事業，例えば地方道路や空港騒音防止などのため，国から地方に交付される使途の限られた譲与金である。

　「地方交付税」は，自治体間の格差を縮減するため，市町村の場合と同様，国から交付されるものである。

　「使用料・手数料」は，例えば，県立高校の授業料収入などである。「県債」は，県の歳入不足を補うため，通常，国や銀行から借り入れるための債券である。

　都道府県の一般会計を歳出面から眺めてみよう。高齢化と子育ての両面からの要請が行政に届き，全国的に歳出は増加している。最も額の大きい項目は，「人件費」である。そして，「社会保障費」も毎年のように増加している。

第3章　地域社会における財政

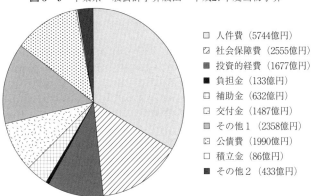

図3-9　千葉県一般会計予算歳出　平成27年度当初予算

- 人件費（5744億円）
- 社会保障費（2555億円）
- 投資的経費（1677億円）
- 負担金（133億円）
- 補助金（632億円）
- 交付金（1487億円）
- その他1（2358億円）
- 公債費（1990億円）
- 積立金（86億円）
- その他2（433億円）

（注）1：端数処理したため，合計は必ずしも一致しない。
　　　2：図には出ていないが，「消費的経費」は「負担金」「補助金」「交付金」「その他1」の合計で，4610億円である。
　　　3：「その他2」は，一般歳出全体のその他である。
（出所）千葉県財務局　https://www.pref.chiba.lg.jp/zaisei/press/h27nendo/documents/004_27sainyusaisyutsu.pdf　2016年7月16日閲覧。

「投資的経費」は，公共施設の建設や維持管理，県立高校などの維持整備，耐震化などがおもな内容である。「消費的経費」とは，支出効果が当該年度で終わる経費であり，「負担金」「補助金」「交付金」「その他」に分かれる。「公債費」は県債の利払いと償還費である。

②千葉県の歳入・歳出予算

都道府県レベルでの歳出予算を具体的に見るために，平成27年度千葉県一般会計予算の歳入と歳出を**図3-8**と**図3-9**に示した。予算総額は1兆7095億円である。

## 第3節　地方公営企業

### 1　地方公営企業とは何か

①地方公営企業の活動

ほとんどの地方団体は，公益事業を経営しており，その数は1786（47都道府県，20政令指定都市，1719市区町村）団体にのぼる。その一方で，公益事業を実施していない団体は，3団体に過ぎない。

地方団体が経営する企業は、「地方公営企業」と呼ばれる。企業であるからには効率的な経営が求められるものの、同時に、地域の利便性向上と安定したサービスの提供も求められる。1952（昭和27）年に施行された「地方公営企業法」の第3条に、経営の基本として、「地方公営企業は、常に企業の経済性を発揮するとともに、その本来の目的である公共の福祉を増進するように運営されなければならない」と規定されている。

　それでは、民間企業も含めて、現在、わが国では、どのような分野で公益事業が行われているのであろうか。事業数の大きな順に並べると以下のようになる。

　　下水道　3639事業　　介護サービス　582事業
　　水　道　2111事業　　宅地造成　　　449事業
　　病　院　642事業

これ以降、観光施設、駐車場整備、市場などの順につづく。これら事業のうち、地方団体、より正確に、地方公営企業が占める割合は、水道・下水道が一番高く水道は99.5%、下水道は91.3%とほとんどすべて公的に提供されている。その一方で、病院経営で地方公営企業が占める割合は12.3%、交通事業の鉄道は13.4%、バスは20.6%と、はるかに民間企業が果たす割合が大きい。

　視点を変えて、地方団体の料金収入から眺めると、病院の料金収入が全体の36.0%を占め最も大きく、以下水道事業30.8%、下水道16.9%となり、これら3事業で料金収入全体の83.8%を占める。

　地方公営企業は企業でありながら、利潤の代わりに地域への貢献が求められ、なおかつ、独立採算が基本である。そこで、提供するサービスに料金を課することになるが、どのような料金設定となるのであろうか。同法第21条に、地方団体は、「地方公営企業の給付について料金を徴収することができる」とし、第2項で、「前項の料金は、公正妥当なものでなければならず、かつ、能率的な経営の下における適正な原価を基礎とし、地方公営企業の健全な運営を確保することができるものでなければならない」としている。ここで、「健全な運営を確保」のために、料金は必ずしも「原価主義」に基づくものではなく、事業報酬も原価に含めた「総括原価主義」を採用することが認められている。こ

表3-4 水道料金の比較

| 市町村（料金の高い順） | 水道料金 | 大都市部 | 水道料金 |
|---|---|---|---|
| 夕張市（北海道） | 6,841円 | 東京都 | 2,376円 |
| 深浦町（青森県） | 6,588円 | 大阪市 | 2,073円 |
| 羅臼町（北海道） | 6,360円 | 名古屋市 | 2,381円 |
| 江差町（北海道） | 6,264円 | 福岡市 | 2,775円 |
| 上天草市大矢野地区（熊本県） | 6,264円 | 札幌市 | 3,585円 |

（注） 各市町村と東京都すべて家事用20立方メートル当たりの料金である。
（出所）『読売新聞』2016年5月31日付に大都市部を加えて作成。

れにより，水道事業などにおいて，永続的な供給義務を果たすことができるのである（石井他，2015，55頁）。

②水道料金の不思議

私たちの暮らしの中で，水は最も重要なものの一つである。そして，この水は主として市町村が供給する。様々な事情から，水道料金は市町村ごとに異なる。表3-4は，新聞に掲載された水道料金の高い市町村のリストである。記事によると，最も高いのは北海道夕張市である。同表ではまた，参考のために，五つの大都市の水道料金もリストアップしている。

以下，水道事業に焦点を当て，電気やガスとは違った水道事業の特殊性，地方団体の財務との関係，少子高齢社会での水道事業経営を考察する。

### 2 水道事業の特殊性

①地方公営企業の水道事業

電気，ガスが主として民間によって供給されるのに対して，水道は，生命に関わる重要性をもつことから地方団体に安定的な供給が求められている。水道の根拠法は「水道法」である。その第1条は，「……水道を計画的に整備し，及び水道事業を保護育成することによつて，清浄にして豊富低廉な水の供給を図り，もつて公衆衛生の向上と生活環境の改善とに寄与することを目的とする」と規定している。

さらに第2条2項において，「地方公共団体は，当該地域の自然的社会的諸条件に応じて，水道の計画的整備に関する施策を策定し，及びこれを実施する

とともに，水道事業及び水道用水供給事業を経営するに当たつては，その適正かつ能率的な運営に努めなければならない」と地方団体による水道の供給の根拠を明示している。

電気やガスの生産要素は，海外からの輸入などによって移動可能である。したがって，生産拠点も比較的自由に選ぶことができ，しかも，供給範囲も広範にわたる。水道は，そうはいかない。取水の元になるダムや川や地下水は動かすことのできない地理的要因で決まってくる。ここに水道事業経営の難しさがある。

②水道事業の様々な経営主体

水道事業は，市町村が実施する場合が多いが，東京都や千葉県のように，都や県が実施する場合もある。道府県が事業体となり，域内の市町村に分水する場合もある。地域によっては近隣の市町村と共同で一つの広域連携事業体を構成する場合もある。これらの事例は，自然条件によって決まってくる。

表3-4に戻ろう。既述のように，東京都は事業体として水道を提供している。ただし，給水地域は，23区および多摩地区26市町である。これに含まれていない武蔵野市，昭島市および羽村市は独自の事業体をもつ。例えば，羽村市は，100％地元の地下水を活用し，緊急時の受水を想定し，東京都水道局からは，年間で500 m$^3$程度の暫定分水を受けている。

千葉県も千葉市をはじめ11の市で水道事業を展開し，それ以外の市町村では独自の事業体による給水が行われている。このように，地形的な理由や，歴史的ないきさつや，人口の動態に対応して，わが国の各地で，様々な経営主体による給水が行われているのである。

③上天草市の事情

熊本県の上天草市は，2004（平成16）年，大矢野町と松島町と姫戸町と龍ヶ岳町の四つの町が合併して誕生した市である（**図3-10**）。同市では，現在でも，合併前の水道事業の経緯から，4地区の水道料金は**表3-5**のとおり異なっている。

上天草市は，隣接する3市，宇城市，宇土市，天草市とともに，「上天草・宇城水道企業団」を設立・出資し，安定した水道用水を確保できるようにした。[24]

**図3-10** 上天草市周辺地図

**表3-5** 熊本県上天草市の水道料金（地区別に異なる）

| 大矢野地区 | 6,264円 |
|---|---|
| 大矢野 湯島地区（離島） | 4,752円 |
| 松島地区 | 5,454円 |
| 姫戸・龍ヶ岳地区 | 5,616円 |

（注）表中の金額は家事用20立方メートル当たりの消費税を含めた料金である。
（出所）上天草市「上水道・下水道料金表」 http://www.city.kamiamakusa.kumamoto.jp/q/aview/122/1262.html 2016年7月29日閲覧。

この企業団は，球磨川から取水した水道用水を四つの市に販売している。

上天草市の大矢野地区も，企業団からの送水を受けているが，それだけでは需要を賄いきれず，従前より独自に受けていた近隣の町からの分水を継続している。さらに，大矢野地区が島であるという地理的な状況から，送水は14キロメートルに及ぶ海底送水を行っている。こうした高価な受水費に加え，設備の更新や借入金などのため，水道料金が高くなってしまうのである。

④夕張市の事情

夕張市は，2006年，わが国で最初に財政破綻した地方団体として注目を集めたが，破綻後のいまなお，「財政再生団体」として当初の353億円の財政赤字を縮減するため，懸命な努力を続けている。きわめて厳しい公共サービスのカットと重い市民税が人口流出に拍車をかけた。かつて炭鉱が全盛であった1960年頃，10万人を超えていた人口は，現在，1万人を割り込んでしまっている。高齢化率は48％，ほぼ二人に一人は高齢者というわが国の将来像を現出させている。

全国で最も高いといわれる水道料金は，財政再生団体という夕張市の置かれている特殊な状態からきているのではないか，と直観的に想像できる。しかし，実際には，歴史的，地理的要因も水道代を高くしている。炭鉱が去った後，市は廃鉱となった炭鉱の浄水場を引き継ぎ，設備投資をして市民へ水道を提供してきた。また，地形的に高低差が大きく，水源地も2か所もつ必要があり，水

表3-6 市町村の人口・世帯数・財政力指数

| | 2015年人口（人） | 2005年人口（人） | 増減率（％） | 2015年世帯数 | 2005年世帯数 | 増減率（％） | 高齢化率(％) | 財政力指数 | 人口密度人/km² |
|---|---|---|---|---|---|---|---|---|---|
| 夕張市 | 8,845 | 10,922 | −18.9 | 4,526 | 5,558 | −18.6 | 47.7 | 0.18 | 11.8 |
| 深浦町 | 8,423 | 9,691 | −13.1 | 3,304 | 3,532 | −6.5 | 37.84 | 0.15 | 17.2 |
| 羅臼町 | 5,415 | 5,885 | −8.0 | 2,101 | 2,177 | −0.3 | 25.0 | 0.25 | 13.6 |
| 江差町 | 8,293 | 9,004 | −8.5 | 3,748 | 3,968 | −5.5 | 32.6 | 0.28 | 75.2 |
| 全国 | 121,110,047 | 128,057,352 | −0.7 | 53,403,226 | 51,950,504 | 2.8 | 27.0 | 0.49 | 340.8 |
| 市部 | 116,149,227 | 116,549,098 | −0.3 | 49,277,163 | 47,812,998 | 3.1 | n.a. | n.a. | 535.5 |
| 群部 | 10,960,820 | 11,508,254 | −4.8 | 4,126,063 | 4,137,506 | −0.3 | n.a. | n.a. | 70.3 |

(注) 1：高齢化率とは、全人口に占める65歳以上の人口の割合である。
　　 2：財政力指数とは、財政の健全性を示す指標で、「基準財政収入額」を「基準財政需要額」で除して得た数値の過去3年間の平均値。「基準財政収入額」とは、地方交付税法で規定される算定式 標準的な地方税収入×0.75−地方譲与税など で求められる。「基準財政需要額」とは、標準的な水準における行政を行うために必要となる一般財源で、算定式 単位費用×測定単位×補正係数 で求められる（基準財政収入額と基準財政需要額のいずれも、総務省 http://www.soumu.go.jp/main_sosiki/c-zaisei/kouhu.html（2016年7月10日閲覧）による）。
(出所)　人口と世帯数と人口密度は「国勢調査」。
　　　　北海道の高齢化率は「北海道の高齢者人口の状況（高齢化率順）」2015年1月1日現在 http://www.pref.hokkaido.lg.jp/hf/khf/jinkou/27_1_1koureikaritsujyun.pdf　2016年7月10日閲覧。
　　　　全国の高齢化率は総務省「人口推計平成28年8月報」。
　　　　財政力指数は、総務省「全国市町村の主要財政指標」（平成26年度）http://www.soumu.go.jp/iken/zaisei/H26_chiho.html　2016年7月10日閲覧。

のコストを高くしているのである。

⑤四つの市と町の比較

表3-6は、水道料金の高い四つの市と町の人口と世帯数およびその5年間の推移、高齢化率、財政力指数、人口密度を表の形で表したものである。夕張市と深浦町の数値が突出している。まず、人口増減率である。全国平均は5年間で0.7％減にとどまっているのに対し、夕張市18.9％、深浦市13.1％と大きく減少している。

最近、全国的に、人口は減少傾向にある一方、世帯数は増える傾向が見られる。世帯数は全国平均2.8％増のところ、四つの市町すべて世帯数も減少し、とりわけ、夕張市の18.6％減が著しい。高齢化率と財政力指数にも同様の傾向が見られる。

⑥水道事業の都市間比較

大都市部の低い水道料金を説明するため、6都市のデータを表にしたのが**表**

第3章　地域社会における財政

表3-7　水道事業の都市間比較

|  | 東京都 | 札幌市 | 横浜市 | 名古屋市 | 大阪市 | 福岡市 |
|---|---|---|---|---|---|---|
| 給水人口（人） | 13,089,824 | 1,934,714 | 3,726,627 | 2,405,085 | 2,690,214 | 1,478,698 |
| 料金（口径20 mm/24 m$^3$）（円）（税込） | 3,414 | 4,579 | 3,628 | 3,777 | 2,609 | 4,343 |
| 給水原価（円/m$^3$）（税込） | 205.65 | 180.00 | 182.16 | 176.95 | 148.30 | 210.91 |
| 有収率（％） | 95.9 | 93.0 | 91.1 | 93.8 | 87.3 | 96.2 |
| 総収支比率（％） | 112.0 | 152.7 | 94.3 | 99.9 | 98.0 | 107.9 |

（注）1：料金は，一般家庭の20 mmの水道利用量が24 m$^3$の時の税込料金である。
　　　2：有収率は，配水した水のうち，料金の対象となった水の割合で，数値が高いほど好ましい。
　　　3：総収支比率は，100％を超えると利益が生じることから，値が大きいほど経営的に安定する。
（出所）東京都水道局広報パンフレット「東京の水道の概要」https://www.waterworks.metro.tokyo.jp/kouhou/pamph/suido/pdf/suido_h27-02.pdf　2016年7月28日閲覧。

3-7である。東京都の有収率が高いことから，効率的に水を供給し，料金も大阪を除く他の市と比べて安く抑えることができ，総収支比率からも黒字を確保し安定的な経営が行われていることがわかる。札幌市は六つの都市の中で料金が最も高い反面，給水原価が安いことから，6都市の中で最も高い総収支比率となっている。

⑦新しい時代の新しい水道事業

いま，多くの市町村で人口減少が生じ，水道供給に難しい問題を投げかけている。人口減少は，水の需要を減らし，料金収入に影響する。また，近年，洗濯機やトイレ機器など節水機能のついた製品が出回っていることも料金収入を低下させる要因となっている。事業体は，水道法の規定に基づき，安定的に水を供給する義務を課されている。水道は，「事業体に問題が起こった場合（例えば経営の破綻等）でも，同様にサービスの提供を続けることが求められる社会基盤施設」なのである（宮脇・眞柄，2007，147頁）。

水の需要は，時間帯，季節などによって大きく変化する。断水を回避するため，常に給水量に余裕をもたせるため，費用がかかるのである。

水道事業には，取水，導水管，浄水場での薬品による消毒，配水管など一連の資材や装置など膨大な資本が必要である。配水管は地中にあったり，海底にあったりするため，管内の老朽化の状態を確認するのは困難である。いま，耐用年数に達した設備を抱えた地方団体も多い。独立採算制とはいえ，多くの地

方団体では水道料金収入だけでは，とても全体の費用をカバーできる状態ではない。

水道供給の効率性を高めるために，広域の事業体連合である水道企業団を構成し，近隣の水道供給を共同で行うことが奨励される。しかし，地理的な要因で，広域連合が不可能な地方団体もあるのである。

市町村合併もまた，地域としての統一的な取組みを難しくしている。このような困難な環境の中で，設備の大規模な交換を迫られる地方団体は，将来の水に対する需要予測を厳密に立て，それに見合った設備の拡充を図る必要があろう。厚生労働省が主導する水道事業におけるアセット・マネジメントに基づく「長期的視点に立ち水道施設のライフサイクル全体にわたって効率的かつ効果的に管理運営していく」中で計画的に設備資本の交換を進めていく手法も事業体に採用されつつある。[25]

## 第4節　暮しやすい社会の財政

### 1　地方財政の問題

人口の減少が進み，とりわけ，地方の市町村の衰退が指摘されている。地方消滅というショッキングな表現を使って，増田寛也は，「2010年から40年までの間に『20～39歳の女性人口』が5割以下に減少する市区町村数は，現在の推計に比べ大幅に増加し，896自治体，全体の49.8％にものぼる」（増田編著，2014，29頁）と警鐘を鳴らす。確かに，人口減少は，地方の財政にも深刻な影響を与える。税収の減少に伴い，予算も縮小し，それまで提供されていた行政サービスもなくなる可能性もある。国の財政と地方の財政の違いについて，「地方財政制度は共同体の思想で設計され，そのなかには相互扶助の精神が内包されている」（小西，2007，8頁）とし，自治体財政に非効率な現象は不可避である，との議論がある。歴史的，地域的特性を尊重することは重要であるものの，他方，社会環境が変化する中，いつまでも，国に依存する地方という従来のモデルに固執してはならない。住民の厚生を最大化することを念頭に，新しい時代にあった地方団体の財政が必要である。

地方団体の間の格差も鮮明になってきている。地方団体の地方債の債務累積も深刻である。地域間格差を是正する目的で国から地方交付税などが交付されているが，この交付金の一部で債務を返済している地方団体もある。地方団体のつくった借金の「負担者は，その地域の住民というより（地方交付税の財源である）国税の納税者」（土居，2007，95頁）であり，地域の負債を地域以外の人々が負担していることになっている。これも，地方団体がもつ国への依存体質の一例である。地方団体が自主財源を拡張できる仕組みが望まれる。

## 2　地域への貢献

だが，私たちは，いたずらに財政不安や少子化を恐れ，悲観的な社会の到来を嘆いてばかりしてはいられない。政府の財政力が弱まるなら，むしろ，行政と協力して私たち生活者は地域にどのような貢献ができるかを考えるべきであろう。積極的貢献としては，災害時の避難経路の確保や経路の整備をする，不審者の侵入を迅速に通報したり自宅に強固な鍵を取り付ける，などにより，行政の防災費用や警察の費用を削減できる，などが考えられる。あるいは，消極的貢献として，公園の維持管理に協力すること，ごみ出しにおける分別を徹底すること，健康に配慮して生活習慣病を予防すること，などによって，行政による公園の管理費用やごみ処理費用を削減できるし，国民医療費の高騰を抑えることもできる。

ほとんどの地方自治体が地方交付税に依存し，地方債や国庫負担金に頼っていることを見てきた。

なにもかも行政サービスに頼るのではなく，このように，生活者が積極的，消極的に個人として，世帯として住民意識を高める必要がある。それにより，地域社会の一員として地域に貢献する，すなわち，行政に対して何ができるかを考えることにより，地域を活性化するだけでなく，医療費や介護費用，清掃費（ごみ収集等），警察費・消防費などを抑制することができるのである。

かつて，地域で子どもの成長を見守るという慣習がよく見られた。いま，地域の連帯が弱まってきているなら，地域の新しい環境のもとで，いかにして私たち自身が地域をよりよい生活の場としていくか，知恵を絞るときである。加

えて，地域住民が公共目的のプロジェクトを立ち上げ，クラウドファンディングにより費用を賄うなどの動きも，地域を活性化する手法として期待できる。

すでに，実績はあがっている。その一例を挙げて本章を閉じよう。

南海トラフ地震に備えて，住民は強靭な堤防を切望する。だが，地方団体は動かない。それなら，民間でやろうと，「事業費は340億円規模。企業や浜松市民の寄付で賄う全国初の『市民の防潮堤』」の建設が急ピッチで進んでいる。（『日本経済新聞』2016年8月29日付）

**注**

(1) 担税力とは，文字通り，税を負担できる能力を意味するが，必ずしも所得の多寡で決まるものではない。単身者のA氏と5人の家族を扶養しているB氏の年収が800万円で同じであっても，配偶者控除や扶養控除で調整すると，単身者の担税力が大きくなる。なお，「控除」とは，所得から規定の金額を差し引いて，税のかかる所得（課税所得）を小さくして税を軽減する仕組みである。

(2) ただし，実際の適用では，後に見るように，正確な受益の大きさを測定できないため，利益説での課税は難しい。利益説が妥当するのは，市営のプールなどで利用者が使用料という形で料金を払う場合である。

(3) もちろん，長期的に見て，義務教育を受けた子どもが成長し，社会に役立つ人材として活躍するようになれば，間接的な便益は得られるであろう。

(4) 「保険者」とは，保険を運営する主体である。加入者から保険料を徴収し，事故が起こった場合（ここでは，加入者に傷病が生じた場合），保険金を支払う。保険の加入者は「被保険者」と呼ばれる。

(5) 40歳以上65歳未満の被保険者には，医療の保険料率に加えて，全都道府県一律の介護保険料率1.58％が加算される。詳細は後に論じる介護保険を参照。

(6) 全国健康保険協会「協会けんぽの財政構造」https://www.kyoukaikenpo.or.jp/g7/cat725/sbb7210/info261025　2016年7月5日閲覧。

(7) 上で見た被用者保険だけでなく，国保も負担が義務づけられている。すなわち，75歳未満のすべての被保険者が後期高齢者医療を財政的に支えるのである。

(8) 市町村によって，「保険料」という用語を使ったり，「保険税」を使ったりしており，一定していない。いずれを採用するかは市町村が決める。

(9) 「基礎控除」によって，所得から規定の額を差し引くことができ，課税される所得を小さくすることができる。これはすべての人の所得に適用される。

(10) 保険給付費とは，保険者から給付される金額。例えば，診療費や薬剤支給その他を含む。ただし，本人負担分は除かれている。

⑾　勝浦町の保険料収入額ランキングは,「平成25年度　徳島県　被保険者一人当たりの国民健康保険料収入額　ランキング」http://www.jichitai-ranking.jp/rmbase.php?pt=00&nendo=2013&id=kh01&tcd=36&skbn=0&rcd=0（2016年7月25日閲覧）による。

⑿　保険料に加えて国から86億円，東京都から54億円，板橋区から47億円，その他5億円となっている。図3-3参照。

⒀　公的年金制度のもとで，被用者に扶養されている40歳から64歳までの配偶者は，介護保険制度のもとでも，公的年金制度の第3号被保険者と同様，介護保険料納付は免除されている。
　なお，介護保険料は，国保の介護分と被用者の介護保険料の両方から各地方団体に納付される。

⒁　総務省「国と地方の役割分担について」http://www.soumu.go.jp/main_content/000088792.pdf　2016年7月20日閲覧。

⒂　支出面から見た国内総生産の一つの構成項目である政府支出は,「中央政府」と「地方政府」と「社会保障基金」の合計である。

⒃　全国知事会「第3章　これからの都道府県の果たすべき役割」http://www.nga.gr.jp/ikkrwebBrowse/material/files/group/2/6_report_3.pdf　2016年6月20日閲覧。

⒄　厚生労働省「生活保護制度」http://www.mhlw.go.jp/stf/seisakunitsuite/bunya/hukushi_kaigo/seikatsuhogo/seikatuhogo/　2016年7月15日閲覧。

⒅　生活保護には，困窮者のための生活面での保護費をはじめとして，次の八つの扶助がある。生活扶助，教育扶助，住宅扶助，医療扶助，介護扶助，出産扶助，生業扶助，葬祭扶助。ここで，教育扶助とは，義務教育に伴って必要な教科書，学用品，通学用品，学校給食などの提供である。介護扶助とは，介護を必要とする者（要介護者）に対し，居宅介護，住宅改修，施設介護を提供することである。生業扶助とは，保護を受けている者の収入を増加させるか，またはその自立を助長する見込みのある場合に限り，生業に必要な資金などを提供し，技能の修得などの機会を与えるものである（生活保護法第三章保護の種類及び範囲）。

⒆　「地方譲与税」には,「地方揮発油譲与税」「石油ガス譲与税」「自動車重量譲与税」「航空機燃料譲与税」「特別とん譲与税」そして「地方法人特別譲与税」の六つの税がある。「地方揮発油譲与税」は，都道府県と市町村に譲与されるが，その額は人口，道路延長などで補正される。かつては使途を道路に限る特定財源であったが，2009（平成21）年に一般財源化された。「石油ガス譲与税」は，揮発油税と対をなし，すべての都道府県と指定都市に譲与される。「自動車重量譲与税」は，全市町村に譲与され，使途の限定はない。「航空機燃料譲与税」は，空港の騒音対策と周辺整備のために創設された税であり，空港関係市町村が譲与を受ける。使途は空港対策に要する費用に限られる。「特別とん譲与税」は，外国船，内国船いずれにも，入港に際して課す税であり，開港所在の市町村（都を含む）に譲与される。使途は限定なしである。「地方法人特別譲与

税」は，全都道府県に譲与され，使途は限定されない。
⑳　私たちの払う8％の消費税のうち，6.3％は国税であり，残りの1.7％が都道府県税としての地方税である。この税収の2分の1が人口に応じて市町村に交付される。
㉑　ただし，2000（平成12）年度は前年度と比較して，50億円ほどの予算減があった。
㉒　1箱440円のたばこの106円（24.1％）は国税のたばこ税である。地方たばこ税が122円（27.8％，内訳道府県17円，市町村105円），消費税33円（7.4％），たばこ特別税16円（3.6％）となり，440円のうち，277円（62.9％）が税となる。この例からもわかるように，たばこ税は，国，都道府県，市町村の収入となる。「たばこは地元で買いましょう」というキャンペーンを耳にすることがあるが，これは地元に市たばこ税が入ってくるからである。なお，事業所税は，都市環境の整備等の費用に充てられ，都市計画税は，下水道・公園などを整備する都市計画事業の費用に充てられる税である。
㉓　船橋市「平成27年度船橋の台所事情」http://www.city.funabashi.lg.jp/shisei/zaisei/005/p037604_d/fil/daidokoro.pdf　2016年6月10日閲覧。
㉔　「企業団」とは，市町村の事業体が単独で水道事業を行うのではなく，複数の事業体が共同して水道事業を行う組織である。直接，家庭などに給水するより，構成市の事業体に水を提供することが多い。
㉕　厚生労働省「水道事業におけるアセットマネジメント（資産管理）に関する手引き」http://www.mhlw.go.jp/topics/bukyoku/kenkou/suido/houkoku/suidou/dl/090729-1b.pdf　2016年7月2日閲覧。

**参考文献**
阿部彩・國枝繁樹・鈴木亘・林正義，2008，『生活保護の経済分析』東京大学出版会。
石井晴夫・宮崎正信・一柳善郎・山村尊房，2015，『水道事業経営の基本』白桃書房。
小西砂千夫，2007，『地方財政改革の政治経済学』有斐閣。
佐藤主光，2011，『地方税改革の経済学』日本経済出版社。
総務省編，2015，『地方財政白書　平成27年版』。
土居丈朗，2007，『地方債改革の経済学』日本経済新聞社。
西沢和彦，2011，『税と社会保障の抜本改革』日本経済新聞出版社。
増田寛也編著，2014，『地方消滅――東京一極集中が招く人口急減』岩波新書。
宮脇淳・眞柄泰基，2007，『水道サービスが止まらないために』時事通信社。

（朝日讓治）

# 第4章

# 地域社会と社会保障
――地域社会における相互扶助の組織化と包括ケア構想――

　本章では，地域社会における住民福祉の現代的問題として，包括ケア構想のあり方を取り上げる。1980年代90年代における英国の地域福祉政策を参考にしながら，福祉サービス供給が多元化している現状とその問題点を整理する。こうした問題を解決するために，相互扶助を組織化することが有効であるとして，地域包括ケアへの地域住民の参画性が重要であることを示す。

## 第1節　地域社会における住民福祉

### 1　地域福祉の現状

　他の先進諸国と同様に，わが国も混合経済体制にある。混合経済体制では，あくまでも市場による資源配分が前提となるものの，富や所得が偏在している場合には，その補正のために所得を再分配することが政府の役割になる。政策手段としては，累進税率の所得税や多面的な再分配機構である社会保障・社会保険などがある。また，「社会的な弱者」に対する租税優遇措置や補助金・助成金を活用することもある。これに対して，需給均衡で決まる価格や数量を調整したり規制したりすることも政府の役割になる。これらは一面にすぎないが，市場万能的な考え方を排除して，財・サービスの配分メカニズムとしての市場機構を補正することや，それが適正に機能するように条件整備する必要があり，自由放任主義は修正を余儀なくされる。このようにして，多くの国々では，市場の役割を基本としつつも，それを政府の役割が補完する関係にある。

　こうした中で，地方福祉においては，自治体や市町村が医療保険・介護保険の保険者として，現物給付やサービス給付に大きな役割を果たしてきた。加えて，在宅での介護や生活支援では，インフォーマル部門である家族や地域社会

の相互扶助組織が重要な役割を担ってきた。地域社会における社会保障を考える上では，国・地方自治体とこうしたインフォーマル組織の役割分担を考察することが不可避になる。特に現在は，わが国の財政難から，国の役割の民間移譲や地方自治体への分権化が一層進展している状況にある。

　これまでは，わが国における福祉サービス供給は，国による社会保障・社会福祉や企業による職域福祉が中心となってきた。それが今日の財政難，企業の福利厚生からの撤退などの供給側の要因，および福祉サービスやそのニーズの多様化傾向の需要要因から，変更ないし修正を余儀なくされている。同時に，実質的な福祉サービスを提供していたインフォーマルな組織である家族や隣人ネットワークも核家族化や地域連帯の衰退，そして夫婦共働き化などのワークスタイル変化によって形を変えている。こうした状況下で，福祉サービスの担い手は，従来の公的部門や公益団体に加えて，営利企業からボランタリーなインフォーマル組織まで拡散し，多様化傾向にある。

　近年の介護・福祉サービス事業への営利企業の相次ぐ参入は，その担い手不足が大きな要因となっている。ただ，市場で提供される福祉サービスは一般に高額であり，利用できるのは一部の所得階層に限られる。より普遍的なサービス供給を目指すには，その担い手を広げるとともに，行政による補助を通じてそれを地域福祉にうまく組み込むことが重要になる。つまり，多元的な福祉サービスの供給体制構築が不可避になる。

　一方でボランタリー組織による福祉サービスの提供には限界があるとの指摘も根強い。第一に，提供者の専門性欠如のために，サービス品質の十分な保証が難しい。また，サービス利用者に切迫した事情があったとしても，ニーズへの対応には人材面の制約も大きい。総じて十分な量と質の福祉サービスを，時宜にあわせて提供できないことになってしまう。第二に，福祉サービスの地域的な需給ギャップが挙げられる。一般的に福祉サービスを提供するのは比較的若い世代であり，サービスを受けるのは高齢者世代が中心となる。都市部は若年層が多いためにサービスの提供者も多いが，過疎化の進む地方では担い手不足のために供給過少となり，利用者の求めるサービスは十分に提供されない。第三に，福祉サービスの利用が多くなるのは高齢者や障がい者であり，利用す

る側にとって一方的にサービスを享受しているという負い目を抱えることになる。これにより，サービス需要は潜在化することになる。<sup>(1)</sup>

　同時に，医療・介護サービスにおいて，地域社会・コミュニティのあり方が問われているのには，いくつかの背景がある。まず，介護保険財政の悪化と施設介護が割高なことから，予防介護の充実と在宅介護への移行が意図されるようになる（岡村，2009，4，10頁）。在宅化への移行が介護を割安なものとすることは即断できないものの，長期に及ぶ施設でのリハビリテーションなどは確かに介護保険財政を圧迫する要因になる。そして少なくとも予防的措置を早期に講じておくことは，財政にプラス要因となる。一方，サービスの受け手である多様な高齢者にとって，住み慣れた地域での介護や支援が望ましいことはいうまでもない。居宅での生活継続は一番の介護予防策である。ただし，それにはいくつかの条件整備がいる。また，高齢者像が，その家族形態も含めて多様化していることは，施設での画一的な対応を困難なものとした。さらに，地方政府も財政難にあって，地域内地方分権化が生じ，介護や生活支援にも各地域・地区での創意工夫が求められたこともある。これらの要因が絡み合って，地域社会での介護や予防医療・介護が促進され，地域包括ケア構想に至ることになる。<sup>(2)</sup>

　こうした医療や介護の地域化が，福祉サービス供給の一層の多元化を促したといえる。地域化・在宅化によって，医療・介護・生活支援の一体的な提供が重視され，いわゆる伴走型の支援体制が敷かれることになる。こうした総合支援策には，家族以外にも身近な友人や隣人の助けや地域コミュニティにおける支えが不可欠になってくる。よく重層的サービス体制の構築がいわれるが，こうした近隣・地域でのサービス提供がこの中に組み込まれていくことになる。また，高齢者やその世帯も多様化しており，単身世帯の在宅介護では，見回りや声掛けをはじめとしたちょっとした支援・援助を欠くことはできない。同様なニーズは，徘徊や問題行動を起こしがちな認知症の高齢者にもある。一方，同居世帯では，同居して介護する家族へのサポートもいる。地域ないし在宅で高齢者が暮らしていくには，様々な生活ニーズがあり，これを汲み取ってサービスとして提供していくには，どうしても身近な地域での対応を要している。

行政のアウトリーチ活動のほかにも，地域社会やコミュニティでの支援を欠くことはできない。
　こうした重層的かつ伴走型の支援と福祉サービス提供の多元化傾向を併せて考えると，地域社会での介護リスク負担の変化が読み取れる。つまり，介護保険の創設以前には，家族などのインフォーマル組織による介護リスクの抱え込みが生じていた。介護保険の創設は，こうしたリスクを社会化し，より社会に見える形でオープンなものとした。それが介護保険の財政問題や地方分権の一層の促進とともに，公助・互助に加えて互助・自助が重視され，介護リスクは分散化や共有化が図られるようになったのである。
　こうした中で，互助システムが注目され，耳目を集めるようになる。近隣のボランティアネットワークや相互扶助の組織化が進んでいる。例えば，「時間貯蓄」「地域通貨」というボランティア活動がある。これはサービスを運営するNPOに参加する加入者・利用者の間で，福祉サービスや生活支援サービスを相互に提供し合う活動である。一般的なボランティア活動とは異なり，託児，買出しの代行，自宅での生活補助といったボランティア活動を行った利用者は，ボランティア活動に要した時間を貯蓄し，自分が必要な際には貯蓄していた時間分を，第三者からサービスとして受けられる。時間を通貨として利用し，参加者間でサービスをやり取りするのである。そのため，サービスを提供した相手とサービスを受ける相手は同一である必要はない。高齢になってボランティア活動に従事できなくなったとしても，今まで貯蓄した時間で，サービスを権利として第三者から受け取ることができるのである。NPOの役割はサービスを提供できる人とサービスを受けたい人のマッチングを行い，双方の時間を管理することである。本来であれば無形でやり取りが難しい時間を，通貨のように交換することが可能になるため，貯蓄した時間は当事者だけでなく，家族や親族に対しても利用ができる。離れて暮らしている家族の生活の助けを，見ず知らずの第三者に依頼できるという点で柔軟な仕組みである。
　ただし，こうした特徴や効用は有していても，サービス提供に専門性を欠く点や，参加者間での短期的な損得の発生など，いくつかの欠陥もある。また，加入者や利用者の継続的な不足による需給のアンバランスと運営者・運営組織

のマネジメント力不足からくる仲介業務の停止など，本質的な問題も孕んでいる。そのため，各組織の特徴や運営上の工夫，課題の克服策などを探り，組織活動を永続させる方策と望ましい活動のあり方について検討を要している。それは，こうした活動を支える地域コミュニティや行政の役割を考えることでもある。地域住民間の相互扶助によりその連帯感を醸成し，また高齢者の自立意識や生きがい感を高めることで，社会的孤立や老老介護などの問題を解決できる。併せて，地域包括ケア構想の中で，地域における福祉サービスを住民主体で充実させ，住みよい街づくりにも寄与することになる。

## 2　地域福祉の課題

　地域コミュニティの人間関係が希薄化している理由として，「昼間に地域にいないことによる関わり合いの希薄化」「コミュニティ活動のきっかけとなる子ども数の減少」「住民の頻繁な入れ替わりによる地域への愛着・帰属意識の低下」「世代による意識の相違」等が挙げられる。

　一つ目の要因として，共働きの増加，サラリーマン化により労働時間が増えたことや居住地域と職場・学校等の分離による通勤時間の長さが原因となり，生活エリアにおける昼間人口の減少が挙げられる。そのため地域コミュニティ活動に参加するなど，地域との関わりは少なくなっている。都市部では単身世帯の増加や激しい人口移動により地域活動への参加意識が高まりにくい。単身世帯や学生などは地縁的なコミュニティ活動を志向しない傾向にある。二つ目の要因について，従来から地方では子どもの学校行事等を通じたコミュニティ活動が展開されていた。子どものいる世帯の減少によって，世代を超えた交流が困難になり，結果的に地域コミュニティの担い手も減少した。

　三つ目の要因として，住民の頻繁な入れ替わりによる地域への愛着，帰属意識の低下を挙げることができる。総務省による2010（平成22）年の国勢調査によると，2005（平成17）年に実施された国勢調査と比較して，5年前と現在同じ場所に住んでいる人は，全国で77.2％である。その一方で，自市区町村内で5年前と住所を変更している人は10.0％，自市内他区へは1.5％，県内他市町村へは5.1％，他県へは5.7％，日本国外からの転入は0.5％となっている。こ

れは総人口のうち，約20％が5年前に住んでいた場所から住所を変更していることを意味している。四つ目の要因として，地縁的なコミュニティ活動を志向しない世帯の増加を挙げることができる。総務省による国勢調査によると，地方圏の単身世帯比率は，1980年には22.8％であったが，2000年には29.7％に達している。3大都市圏の場合は，1980年には16.9％であったが，2000年には25.4％にまで増加した。こうしたことから，地方圏，3大都市圏の双方において，21世紀に入るまでの20年間で，およそ10％程度，単身世帯が増加していることがわかる。国立社会保障・人口問題研究所の調査によれば，21世紀に入り，その割合は全国平均値で，2010年に約28％になり，2030年の推計値では約37％に達することがわかる。

このようにして，①産業化，都市化に伴う核家族世帯の継続的増加は，家族の相互扶助機能の低下をもたらし，②地域移動に伴う地域住民の多様化と単身世帯の急増は，地域の相互扶助機能を低下させることになる。ここに生涯未婚率の上昇と地域高齢化現象が相まって，高齢単身世帯が増え続けていくことになる。それは，社会的なケアや日常生活支援を必要とする高齢者の増加をもたらすだけにとどまらない。高齢者の引きこもりや孤独・孤立，そして社会的排除をもたらし，地域コミュニティで孤立した高齢者が犯罪のターゲットとなることで，地域の治安悪化をもたらしてしまう。高齢者介護にとどまらない地域社会の問題を惹起することになる。また，近年の自然災害の影響を最も受けるのも子どもと高齢者である。地域コミュニティの再生と相互扶助体制の整備が急がれている。

## 第2節　福祉多元主義の動向：英国の事例を参考にして

わが国では，従来から，インフォーマル部門である家族が介護サービス提供に大きな役割を担ってきた。また，こうした家族の介護を，馴染の近隣住民が支えてきたことも事実である。現在，地域社会のあり方やライフスタイルが大きく変わり，それに応じて家族のあり方も変化を遂げている。それにもかかわらず，介護サービスを社会化する仕組みづくり，特に介護サービス提供人材の

育成とそれを支える社会的な仕組みづくりを怠ってきたツケが顕在化している。具体的には，家族介護の男性化による介護離職の続発とそれによる社会的な損失，遠距離介護や夫婦間や親子間の老老介護，生涯介護そして多重介護問題が発生し，家族介護は限界に達していることなどである。フォーマルとインフォーマルの協働サービス提供体制の整備が急がれる所以である。特に，家族がもつ潜在的なケアの力が発揮できるような多様な家族支援策が必要となる。それが困難な世帯に対しては，家族に代わる社会サービスが必要になるのである。

さて，わが国の現状は，1980・90年代の英国の状況にたとえられることが多い。本格的な高齢社会への移行とともに，各地域・コミュニティで支援が必要な高齢者をどのようにケアしていくかが大きな社会的課題になったのである。また，こうした状況に際して，地方分権化・地域主権やケアサービス供給主体の多元化が指向された点も似通っている。こうしたことから，英国の経験とそこでの理論的なバックボーンを紹介することが，わが国の地域包括ケア構想に大いなる示唆を与えることになる。

80年代の中盤に，景気の急激な悪化とそれに伴う失業者の増大が英国経済に暗い影を落とすようになる。一方でこうした状況下で，福祉関連の支出にも急ブレーキが掛けられ，福祉財政負担の軽減が政策目標に掲げられる。行き過ぎた福祉がかえって国民の勤労意欲を阻害し，福祉が経済・財政の重荷になるとの言説も生じた。そこで，介護や介助サービスの多元的な供給が目指された。民間業務委託が常態化することとなり，福祉サービス供給は公的部門から，インフォーマル部門，市場部門，非営利部門へと広がり，福祉サービス供給は多元化された。しかし，福祉サービス供給の選択制拡大と競争の促進はかえって，中央政府によるコントロールの強化につながった。中央政府は，民営化などの業務委託を通じた競争と参入を制御するために，その権限を強化していった。同様な事態は，分権的多元主義が喧伝された中で，地方政府をコントロールする局面でも生じた。

また，国・政府の福祉サービスの供給主体としての役割は後退しているものの，依然として福祉のグランドデザインを描くことや供給主体間の調整の役割は残されている。福祉サービスの公平性，適正性そして権利性を保証する役割

も担っており，それは決して残余的な役割ではない。民間事業者への業務委託が頻繁化すれば，それだけその適正化をはかるためのモニタリング業務など規制や監視も重要性を増す。同時に，ボランタリー部門（民間の非営利組織），インフォーマル部門（家族・親族・近隣・友人），市場部門（営利企業），非営利部門（NPO，社会的企業）の活躍の場を整備するためにも，分権化や住民参加のあり方を企画する仕事もある。その意味で，福祉サービス供給における公私連携は新たな段階に入ったことになる。

　こうした分権化を前提とした福祉サービス供給の多元化には，その基本理念を明確にした上で必要な資源を適切に配分するとともに，併せて，基盤としてのコミュニティの環境整備が必要となってくる。(3)(4) また，福祉サービスのニーズは，時代や地域によって変化するものであり，自ずと画一的サービス提供では不十分になり，その分は民間福祉活動で補うことが望ましい事情もある。こうした状況に加えて，地域住民の参画意識の高まりや地域住民の自主的・共同的な問題解決能力の向上，そして地域社会の生活環境整備などの要因も大きい。総じて，地域住民の成熟化が，分権的多元主義を後押ししたことになる。

　条件整備の第一としては，新たな政府の役割を確立することである。政府の主な役割は，地域間の不均衡の是正，財源の確保，優先順位の設定，サービスの質のコントロールに限定することが必要とされた。特に，ボランタリーな活動の活性化のために，一定の条件を満たす民間福祉団体に対して，助成金などの活用によってサービスの供給を行う権利を認めることが重要であった。

　次に，こうした部門や組織との連携関係を明確にすることである。こうした連携を強化するには，当該組織・団体が地域に充分に根を張っていることを確認しながら，つまりその活動や業務遂行能力を見極めながら，意思決定の権限をできる限り現場に近いところまで下ろす必要がある。この際には，サービス利用者の声を反映させる体制づくりが肝要になる。そのためには，利用者には充分な情報が提供され，団体を結成してサービスの運営に関与する権利が与えられ，職員には組織の運営に関与する権利が与えられるべきである。同時に，契約締結後も行政のモニタリングと査察の機能は強化し，（地方）政府と民間団体との契約に基づくアカウンタビリティを確保することが望まれる。

最後に，こうした団体や組織における専門人材の育成でも公私で連携していくことになる。例えば，ソーシャルワーカー，介護支援専門員については，ケースワークに限らない幅広い専門的業務を遂行することを求める一方，非専門的な職種のワーカーに対しても，単純な労務の提供にとどまらない生活援助の視点から幅広い業務を遂行することが期待された。一方，ホームヘルパーについては，家事援助にとどまらずクライアントの健康状態や生活状況の変化を察知して報告するなど，より社会福祉的な視点からの援助を行うことが要請された。こうした専門能力を養成するために，地方自治体による財政的支援と専門訓練の機会提供が必要であった。なお，英国の当時の地方福祉では，地域住民をサービスの受け手とともに担い手とする基本方針から，自治体専門職チームによる小地域担当制（パッチ・システム）がとられ，専門性の欠如を側面支援する具体的方策もとられていた。

　英国ではこうした政策が一定の成功を収める一方で，分権的多元主義には様々な批判もあり，それが1990年以降のコミュニティケアやローカル・ガバナンスの更なる改革につながった経緯がある。まず，民間社会福祉団体・組織が提供する福祉サービス，ケアサービスの内容に対する不安感は根強くある。こうしたサービスには時として専門性が欠落していることや，所得階層性があり公平性・普遍性が欠如していることも批判対象になる。前者については，平常時の人材育成への関与や，事故発生時における委託事業者の責任の所在が問題視される。後者については，行政当局が住民・議会に対して負っている責任に基づいて，税制面での優遇や補助金を提供しているために，その妥当性が問われることになる。同時に，国と地方政府の権限移譲による分権化によって，福祉サービスの対象からこぼれ落ちる層が存在することや，事故発生時に充分な保障が受けられないことが批判されていた。

　また，地域社会の絶えざる変化から，サービス提供の持続可能性にも疑問が噴出していた。コミュニティはインフォーマルなケアの供給源であるよりも，近隣の諍いなど問題を引き起こす誘因となりがちであって，妄想に近い過大な期待が抱かれていると危惧された。また，地域住民の自主的な活動に依存するサービスシステムは，地域社会の資源の多寡や住民の熱意の変化の影響を受け

やすく,不安定になりがちで地域間の格差も生じやすいことが疑問視されたわけである(平岡,2003,42頁)。ケア・サービスなどの専門性を重視するほど,地域住民の参加が限定され,サービス提供の収縮が顕在化することも問題になった。

そこで,当時の英国政府は,よりシステマティックなサービス提供を図るべく,諸改革を実行した(平岡,2003,74頁)。その手順としては,①地域住民(全体)のケアニーズの評価,②家事援助などの在宅サービス方法の開発,③サービスの質の確保のための監査と苦情処理手続きの確立,④消費者・利用者の選択の幅を広げる方策,⑤計画達成に必要な費用と人材・人材開発の方法,以上である。いわば,地域福祉サービス提供のPDCAを明示して,それを上手く管理することで批判に応えようとしたことになる。

1993年に「NHSおよびコミュニティケア法(NHS and Community Care Act)」を立案,施行することで,地方政府の役割と権限,責任を明確にする策を打ち出した。その大きな柱は,次のように整理できる。

1)地方自治体はケア・サービスの提供について,営利・非営利の民間供給主体と契約する権限をもつ。
2)地方自治体はコミュニティケア計画を立案する。
3)地方自治体はニーズの判定に基づいて提供するサービスを決定する。
4)不服手続きや監査規定を設ける。
5)精神障がい者のケアプログラムの国庫補助基準を決定する。

こうした立法は,地方自治体による直営主義を修正し,サービス購入者となる準市場主義を打ち立てたことになる。それに併せて,ローカル・ガバナンスのあり方も変更を余儀なくされ,福祉サービス提供の利害関係者の立ち位置も大きく変わったことになる。

元来,ガバナンスは,利害関係者間の相互作用と集団的な意思決定のあり方をさしている。その意味で,利害関係者間の交渉や情報交換のあり方が,その方向性を決定づけることになる。このとき,ローカル・ガバナンスとは,地方自治体のリーダーシップのもとで,官民ないし公私の様々なアクターがパートナーシップとネットワークを編成する過程を意味する(平岡,2003,70頁)。福

祉サービスのあり方をより効果的なものとするために，情報効率を高める体制づくりが必要となり，サービス提供における重層構造が形づくられる。以前から英国には住民自治の伝統があり，託児所やコミュニティセンターの運営など，利用者運営の実践や住民による評価・協議などの取組みも豊富であった。こうした運営手法を，福祉サービス提供にも援用し，地域内の小地域ごとに予算，資源，人員を配分し，地域住民である利用者との双方向の情報やり取りを密にする方策をとった。こうした一歩進んだ分権化のあり方が，利用者ならびに住民参加による新たなサービス提供手法に結実することになった。

　利用者ないし住民参加にも，消費者主義的アプローチと民主主義的アプローチの二つがある（平岡，2003，75頁）。前者の消費者主義アプローチは，サービスの購入，個人化された制度，健康や福祉に対する自己責任が強調され，そこでは「選択」「発言」「退出」などがキーワードになる。一方，後者の民主主義的アプローチでは，サービス計画，アセスメント，苦情手続きといった制度参画の要素を重視する。参加者としてのサービス利用者が，生活の場を改善し，政策に影響力を行使するパワーを発揮するために，様々な催し物やイベントを通じて，実践的な福祉政策変革を訴えることになる。英国の試験的な試みとしては，「コーポラティブ」と称される行政と住民の協働活動が挙げられる[5]。これには，地域住民を「受動的なサービス受給者・受益者」から「積極的なサービスの形成者」へ変革する意図がある[6]。そのために，地域住民のケアプランの作成において，サービス利用者と提供者がどの段階でも協働することになり，特にアウトカムの設定や達成の方法などについて，広範な合意の成立を前提としていた。

　加えて，利用者参加の権利保障についても，以下のようにニーズ評価の過程から，利用者参加が重視されるようになっていた。

①地方自治体内に，アセスメントやサービス提供担当部局から独立した組織として，利用者に対するアドボカシー（権利擁護）活動を担当する組織を設ける。

②既存ボランタリー団体が，アドボカシー活動を活発に行えるよう財政的援助を行う。

③独立的なアドボカシー活動を行う民間の専門組織を設立するか，既存の組織に財政的援助を行う。

　このようにして，英国では1980年後半から90年代にかけて，コミュニティケア改革と福祉サービス供給の多元化が同時に進行していった。地域包括ケア構想と介護保険改革にあって，利用者と地域住民の参加が重視されるわが国では，その基本理念，地域福祉の利害関係者の各々の役割，そして政府と地方自治体による条件整備のあり方とそのプロセスについて多くの示唆が得られる。

## 第3節　地域包括ケアにおける住民の役割

### 1　地域包括ケア構想について

　介護保険の制度が実施された2000年当時，約900万人だった75歳以上高齢者・後期高齢者は，直近では1400万人にまで達している。都市部と地方にかかわりなく，後期高齢者と単身世帯，夫婦二人世帯（それに未婚の子が加わる場合もある）が増加している。こうした環境変化に合わせる形で，創設後から制度改正が相次いでいる。

　まず，2005年の見直しでは，市町村単位でサービスの充実とコーディネートが図られるよう地域包括支援センターが創設された。同時に，自立支援の視点に立って予防給付や地域支援事業が導入されるなど，地域包括ケアシステムの構築に向けて第一歩が踏み出された[7]。また，2011年の見直しでは，地域包括ケアシステムに関わる理念規定が介護保険法に明記されるとともに，重度者をはじめとした要介護高齢者の在宅生活を支える仕組みとして，定期巡回・随時対応型訪問介護看護，複合型サービスといった新たなサービスが導入された。加えて，地域支援事業として，多様なマンパワーや社会資源の活用を図りながら，要支援者と2次予防事業対象者に対して，介護予防サービスや配食・見守り等の生活支援サービスを市町村の判断で実施できる「介護予防・日常生活支援総合事業」が創設された。そしてこの事業を中心に，民間福祉団体が地域福祉への関わりを強めていくことになる。

　2014年6月には，「地域における医療及び介護の総合的な確保を推進するた

めの関係法律の整備等に関する法律」（通称：地域医療・介護総合確保推進法）が成立した。そのポイントは以下に示すとおりであるが，この改正でもインフォーマル組織の活躍のフィールドは広げられた。

①従来1割であった介護サービス利用の自己負担が，一定以上の所得がある者について2015年8月以降，2割負担となった。

②特別養護老人ホームへの入所基準の厳格化。要介護1から入所可能であるが，この基準を要介護度3に引き上げる。その代わりに，サービス付き高齢者向け住宅と在宅サービスを充実させる。

③要支援1と要支援2が対象となる介護予防ホームヘルプサービスと予防介護デイサービスを3年かけて介護保険の給付事業から市町村の地域支援事業へ移管する。併せて，ボランティアの参加活動を促進する。

　すでに，介護予防と地域支援事業は，2005年の介護保険法改正における最大の項目であった。特に，従来の介護予防のあり方は一新され，サービスのメニューもそれを提供する専門家も変わった。予防給付に関してはケア・マネージャーではなく，市町村が設置する地域包括支援センターの保健師が原則として担当することとなった。また，要支援に至らないが介護予防に努めることが望ましい者に対しても，「介護予防事業」として，介護予防に資するサービスを提供することとされ，地域包括支援センターが担当することとなった。地域包括支援センターでは，こうした「介護予防事業」のケアマネジメントに，総合相談・支援，権利擁護，包括的・継続的ケアマネジメント支援を加えた四つの事業を「包括的支援事業」として行うことになる。

　介護予防事業を中心とした包括的支援事業は，「地域支援事業」として全市町村が行うべき必須事業とされている。当該事業規模は給付費の一定割合以内（2％から3％）と定められており，また財源については国が40％，都道府県・市町村・1号保険者がそれぞれ20％ずつ負担することになっている。必須事業以外にも，市町村が任意で実施できる介護給付費等費用適正化事業や家族介護支援事業などの任意事業もあり，ここでもインフォーマル組織が大きな役割を担う可能性を秘めている。

　最近の立法では，総じて，地域特性を勘案した介護予防と生活支援事業に力

点が置かれている。こうした地方自治体の役割強化は，わが国の社会福祉基礎構造改革の大きな潮流にも沿ったものである（野口，2016，201頁）。例えば，介護予防事業では，介護給付における地域密着型サービス，そして新予防給付の地域密着型介護予防サービスが自治体の指定事業者に移管されている。要介護認定非該当者である虚弱高齢者などを対象とした地域支援事業にも，地方自治体の独自性が色濃く反映されることになる。

さて，こうした介護保険制度の改革方向に沿って，民間企業や非営利団体などのインフォーマル組織による介護関連事業が急展開を見せている。まず，民間企業以外でもNPOをはじめとした各種の法人組織は，1998（平成10）年の特定非営利活動促進法の後押しもあり，財務・要員基準などの法人格を条件に，比較的容易に事業者としての認定を受けることができるようになっている。社会福祉法人，医療法人そして営利法人が多数を占めているものの，農協や生協などの協同組合組織やNPO法人もその割合を少しずつ高めている[8]。介護保険制度下では，措置から契約への移行に伴い加入者・利用者だけでなく，事業者にとってもサービス提供の選択肢は広がっている。具体的には，介護保険制度内でその財源を代理徴収して上乗せサービスを展開するケースと，利用料を自ら徴収して独自サービスを実施するケース，そしてその両者を組み合わせることも可能となっている（金川，2002，138-140頁）。特に，上乗せサービス部分では，スケールメリットを生かして定型的サービスを効率よく提供する民間企業・営利法人がその強みを発揮しやすい。個別ニーズに応じた小回りの利くサービスに当たる独自サービスのみを展開するか，要介護者・利用者の囲い込みも意図して，両者を一体的に実施する場合などいくつかの選択肢がある。上乗せサービス部分では介護保険料の財源があるために，独自サービス部分に比べると，比較的余裕をもったサービス提供が可能になる。そして，ここで上げることができた収益の一部は，他の事業資金に回すことも，ボランティアの奉仕料を引き上げることにも活用できるメリットがある。

反面，上乗せ部分については，社会福祉法人や営利企業・法人との競争にもなる。社会福祉法人については，こうした介護保険のサービスについて営利事業とはみなされず，法人税が優遇されている面がある。非営利組織・法人間で

も公共性の程度やサービスの質,財務の安定性について相違があることは事実としても,同一サービスでの競争においてはできる限り競争条件を揃えることが望まれる。こうした点に対する行政側の対応は,福祉サービス供給の多元化において真摯に検討すべき課題である。こうした検討を踏まえて,現場レベルでのサービス提供実態から,ボトムアップで多元化構想を示す作業も必要になってくる。

### 2 地域包括ケアの課題と地域住民の参画

地域包括ケア構想の基本理念は,2012年4月から施行された改正介護保険法の第5条第3項に示されている。そこでは,要介護者や要支援者などが住み慣れた生活圏で統合された連続的なサービスを享受できるように,医療と介護,リハビリテーション,居住環境そして日常生活支援の各政策の連携を密にすることを明記している。それには,日常における生活困難な状況を把握しながら,専門家グループがそれについて協議し,ネットワークによって対処することが求められる。医療現場のカンファレンス・チーム同様に,ケアチームによる協議の場として,地域ケア会議が設置され,個別事例の検討から地域の介護支援政策の計画立案とその実行までが託されることになる。

自立支援や生活困窮者支援などへのソーシャルケア・サービスでは,一人の高齢者に寄り添った横断的かつネットワーク型のサービス提供が不可欠で,地域ケア会議において関係者間の調整が行われる。そこには,地域コミュニティ固有のニーズへの対応とサービス品質を確保するために,専門家だけでなく住民の積極的参画が欠かせないのである(野口,2016,210-211頁)。同時に,NPO法人や自治会等の力を有効活用するため,ボランティアのインセンティブ向上策として,奉仕者のポイント登録制を導入し将来のサービス利用や介護保険料の軽減に活用することも検討課題となっている(一圓・林,2014,154頁)。

そこで,認知症ケアを中心に,関係者間の役割分担を考察し,インフォーマルセクターや地域住民の役割を考えていく(佐藤,2014,130頁)。認知症という疾患に,現在のところ根本治療はない。医療は後方支援あるいは周辺症状が

増悪した場合の緊急支援が主である。その基盤を担うのは看護や介護であり，生活支援である。地域における生活支援のあり方では，医療体制（基幹型病院と地域拠点型病院の二層構造）＋介護体制＋生活支援体制（三位一体）のような一体型サービス展開が重要になる。

　まず，基幹型病院の役割としては，①地域型センターへの専門的支援（人材育成，派遣，教育・研修，指導・助言），②困難事例への対応，③事例検討会の企画・開催，④認知症医療連携協議会の主催がある。一方，地域型病院の役割としては，①専門医療相談，②鑑別相談と初期対応，③合併症・周辺症状への緊急対応，④地域連携体制の構築，以上が想定される。その上で，介護体制の構築には，地域包括支援センターの専門職（看護師，保健師，社会福祉士，ケア・マネージャー，介護支援専門員）による相談機能や基幹型病院などとの連携体系の構築，そしてコーディネーターの役割が重視されることになる。最後に，認知症患者の生活支援体制では，地域住民によるボランティア活動が重要である。地域の公共機関や夜間営業の事業者などと協力して，安心マップを作成することや，市民に対する学習会・研修会，講演会の企画と実施に，その役割が期待されている。

　こうした構想にあって，地域コミュニティの再生と地域住民の参画意識を高めることが大きな柱となる。地域包括ケア構想では，社会的弱者救済である公助と社会保険が中核となる共助に加えて，自助と互助の重要性が強調されている。特に高齢者に対して，介護予防に努めるなどの意識改革を求めるとともに，心身ともに健康な者には，地域コミュニティの担い手・支え手やボランティア活動などを通じて互助への主体的参加を期待している。同様な期待は，地域住民である女性にも向けられている。特に，従来から女性は，インフォーマル部門の家族介護の主な担い手であり，介護経験と能力を活かすことが求められているわけである。その役割は，地域の相互扶助組織やボランティア活動，より組織化されたものとして社会的企業への参加によって果たされる。こうした活動に従事しながら，様々な情報を蓄積してそれを業務に活用するとともに，人的ネットワークを形成してその中から積極的に情報発信していくことに期待がかけられている。

前節にも記した英国の1990年代のコミュニティケア改革でも，この点は重視されていた。英国では，従来から，宗教心に基づく博愛精神によってボランティア活動は盛んであった。こうした活動へは地方自治体を通じた助成金が支給されていたが，明確な契約関係や委託関係がないことから，その自主性が阻害されることもあった。また，当時の産業化と被用者化が相まって社会変動，地域間異動が頻繁化し，サービスの継続的提供に問題が起こっていた。総じて，地域住民によるボランティア活動に明確な限界が見え始めていた。こうした事態も踏まえて，ボランティア活動や地域コミュニティにおける相互扶助を制度化する動きが生じたのである。

ただし，純粋な近隣住民のボランティア活動，いわば日頃のお付合いの延長線上としての活動であると，それを組織化すること，またそれを組織的に支援することは実質的に難しい。そこで，近隣住民の自発的な組織化，箱や器を形成し，それに対して様々な支援を試みることになる。具体的には，活動の持続可能性とサービスの質を高める目的をもって，地方自治体は財政面と人材育成のための研修・訓練面で援助を試みた。その後は，こうした形態での公私連携が一般化していく。コミュニティケア改革の中で公私連携が進むとともに，その成果を測る意味でも利用者の権利擁護が注視されることになった。利用者のニーズ・アセスメントとともに，苦情・要望に対処する手続きが導入された。各地方自治体内に，利用者に対するアドボカシー活動を担当する部署が創設され，また民間のアドボカシー組織には財政支援を行った。こうした利用者の権利保護の仕組みを整えることも，公私連携を展開する上で，政府ならびに地方自治体の大きな責務となる。

さて，前述した地域医療・介護総合確保推進法では，2015年を目途に，各自治体に対して「介護予防・日常生活支援総合事業」の導入を促した。あくまでも自主事業であるものの，切れ目ない介護と介護予防，そのための生活支援ニーズへの対応を謳っている。介護保険本体の介護予防サービス等事業の枠外であることから，サービス内容もその利用料も弾力的に決めることができる。また，こうした施策は，地域福祉のアウトリーチにもつながるのであり，要支援者と予防事業対象にまたがって，そのニーズを各自治体が自ら推し量り，需要

者と供給者のマッチングを図ることになる。こうしたサービスの提供者として，既存の配食サービス事業者やNPO法人などの介護予防のための各種活動の実践者，そして見守りや生活支援を買って出る地域の相互扶助組織などが幅広く対象となる。正に，健康増進や介護予防を軸とした地域マネジメントの発想であり，地域住民や地域に根差す組織の参加型の事業となっている。

同様に，先の介護保険法の改正では，「在宅医療・介護連携の推進」「認知症施策の推進」「地域ケア会議の推進」「生活支援サービスの体制整備」の基本方針が示され，これも生活支援ニーズへのより的確な対応を促すことになる。特に地域特性に着目して，多様なニーズに対して，多様な主体がサービスを提供することを想定している。そのために，こうした体制確立を包括的支援事業に位置づけ，生活支援コーディネーターの配置方針を示した。つまり，限定された地域で，限定された社会問題に精通し，様々な情報を保有している経済主体に対して，その情報を共有しながら，協力連携して問題解決に当たることを指示しているわけである。併せて，ボランティアや相互扶助組織（セルフヘルプ組織）のメンバーが協力体制の構築に主体的に参加することで，地域マネジメントにおける参画の実を挙げる狙いもある。

地域包括ケア構想以降，打ち出されている幾多の法律や構想は，在宅福祉サービス提供の多元主義を示唆するものであり，関連する各団体や各組織との連携を強め地域相互扶助のネットワークを強力に推進するものである。今後は，こうした構想や経済主体間の連携が，在宅福祉サービス供給の効率化，公平化，そして普遍化にどのように寄与し，また介護予防や健康増進に有意な影響を及ぼすかどうかを検証，評価する体制づくりが必要となる。利用者の権利保護とともに，こうした体制づくりが成否のカギを握ることになる。

## 第4節　地域社会における相互扶助の組織化

### 1　時間貯蓄の仕組みと地域社会における役割

わが国の地域福祉における公私連携やサービス供給の多元化は，1980年代になってから行政担当者に意識されるようになり，1989年のゴールドプラン，

1990年の社会福祉八法の改正によって具体化されることになる。英国と同様に，地方分権化を前提として，在宅福祉サービスを積極的に推進し，併せて地域における予防医療の導入を提唱した。続く1992年には，社会福祉協議会に対して，地域福祉推進者として活動を強化するために，国からのサービス委託を活発化させている。

　こうした在宅化や福祉サービス供給の多元化は，2000年の社会福祉基礎構造改革ならびにその成果としての社会福祉法制定によって加速することになる。前者の構造改革により措置から契約への大きな流れが形成され，公助，共助，自助に加えて，互助の考え方が色濃く打ち出された。在宅福祉のサービス供給主体として，営利企業もNPO法人も，そして地域住民間の相互扶助の仕組みも前面に押し出され，自助と互助を重視する方向性が固まってきた。このとき，地方自治体は疑似市場・準市場に対しては規制者として，インフォーマル部門に対してはサービス提供主体間の連携者として振る舞うことになる。両部門に跨って，サービスの質を高め，その継続性を確保し，利用者の権利保護の役割を果たすことになる。

　実は，こうした動向は明示的に意識されてはいないものの，地域コミュニティにおける住み心地を改善するなど，その再生にも寄与することになる（関西大学・石田ゼミナール，2016，218-222頁）。個人・住民の立場からすれば，自発的な生活の場での助け合いを拡張したことになるが，それは自ずとサービス提供の満足感，自己充足感と帰属意識，連帯意識を高めることになる。それが，福祉サービス提供における住民自治の意識，参画意識の醸成につながることは自然の流れであろう。行政側もこうした動きや流れを捉えて，定住圏構想を立てることになる。定住圏の中で生活支援のネットワークが形成され，それを重層的に確立し，地域住民を巻き込んだ福祉コミュニティづくりが推進される。こうした構想が，住民間の連帯意識を強め，うまく定住化に結びつくことは，地域社会に好循環をもたらすことになる。正に，地域住民と利用者・生活者主体の地域福祉の実現になる。

　さらに，こうした潮流の中で，高齢者の生活困窮や社会的孤立など，当該地域固有の問題を地域の手で解消することが企図されることになる。2008年には

新たな地域社会の構想図が，2013年には地域の生活困窮者への対応策が，矢継ぎ早に提言されることになる。それは，認知症高齢者や社会的孤立者の発見とその予防的措置には，どうしても英国のパッチ・システム（小地域内の近隣扶助制度）のような小地域での対策を要しているからである。一方で，地域社会に根差すボランティア組織，NPO法人，そして制度化された相互扶助組織に対する研修活動，啓発・啓蒙活動を不可避とし，それにより地域住民の意識改革を試み，もって地域住民自治の実効性を高めていくことになる。このようにして，小地域主義を貫くことが，コミュニティの再生と地域における福祉問題の解決に有効になり，同時に（小）地域自治に深く関与する住民ないし住民組織の育成につながる。そこで次に，こうした活動の実践，それを実践する組織，そしてこうした活動を支援するための行政の役割を考えていく。

まず，地域住民の相互扶助の仕組みとして，時間貯蓄・時間預託制度を取り上げる。時間貯蓄・時間預託制度の基本的な仕組みは，参加している人々が提供するサービスの時間を点数化して，あたかもお金のようにして時間貯蓄口座に蓄え，貯めた時間分だけのサービスを必要なときに受けられるものである。例えば，1時間分だけメンバーの誰かのためにサービスを提供すれば，1時間単位が付与され，他のメンバーから1時間のサービスを受けることが可能な仕組みである。口座が極端にマイナスになっている場合でも，将来のサービス提供を予期して一定のサービス受給を可能とする場合も多い。サービスの担い手は，地域の住民，特に女性や中高年層が主体となっている。自らの育児・家事・介護経験等を活かして社会参加の機会をもつことになり，同時にこうした機会を通じて，知識や技能を一層高める効果もある。

その名称は，時間預託・点数預託，タイムバンク，そしてふれあい切符など様々である。1980年代後半の創設当初から，地方自治体などの行政が応じきれない個別サービスに対応する側面があり，いわゆる小回りの利く，ニーズ汲み取り型のサービスを提供していた。従来からボランティア活動に従事していた主婦層にとって，時に有償でのサービス提供に違和感を覚えることもあったので，サービス提供時間の交換であれば，こうした抵抗感を拭い去ることもできた。正に善意を交換し合うことで，地域の相互扶助を制度化したことになる。

こうした活動は，1990年代に入り社会的な認知も受け，地域高齢化に伴う介護や生活介助の必要性増大に応じて，発展していくことになる。具体的サービス内容としては，都市部を中心に地域の高齢者，障がい者，母子世帯等を対象とした給食，家事応援等の日常生活の援助サービスや簡単な介護・看護等のサービスなどが含まれる。

こうした仕組みの効果は，対住民，対地域で広範囲に及んでいる。時間貯蓄は，時間というすべての人が等しくもっているものを基準に価値づけを行い，相互扶助の精神に基づいたコミュニティの再生を目指している。参加者は，自分自身の自立的な生活を支え，心身や生活の状態が悪化するのを予防するので，地域トータルの介護量を減少させることにもつながる。善意によるサービス提供の満足感から将来的な安心感が得られ，助け合いを通じた地域の連帯感を醸成することも可能となる。

この仕組みでは，サービス需給のマッチングを図る事務局の役割が重要になる。つまり，事務局（コーディネーター）はサービスを求める人に適切な人を紹介・派遣し，サービスの提供者と受け手の間で取引を成立させる。転勤その他の事情で，貯蓄時間分に見合うサービス提供が保証されないなどの問題があり，参加者の合意の上で，全員が納得できる運営上のルール・条件づくりが必要になる。例えば，サービスを提供した個人だけでなく，その家族も対象とすることは，交換をより円滑にすることになる。こうした実地での工夫を積み重ねながら，時間貯蓄・時間預託制度は展開されていった。

2000年に介護保険制度が導入され，身体介助などの専門的サービスはこの制度を通じて市場ベースで提供されることとなったものの，依然として，買い物や移動，そして家事援助などのサービス需要は高い状況にあり，こうしたサービスに特化した活動は継続されている。その意味で，高齢者世帯と子育て世帯の助け合いなどを軸に，より地域の相互扶助活動に特化，純化した運営が行われている。

さらに現在では，単身高齢者世帯と共働き世帯が急増するなど，対象となるサービスニーズは多様化し，また個別化している。また，介護保険で対応できない，上乗せや横出しサービスなど，ニーズが新たに顕在化する傾向にある。

社会的孤立や孤独死が社会問題化している現在，見回りや声掛けだけでも意味がある。そのため，ますます，こうした制度の必要性は高まっている。

ただし，有償ボランティアの資格やサービスの継続性に問題があり，またサービス品質を高め相互満足を維持するには，ボランティアだけでは限界もある。地域間の移動だけでなく，海外への移住なども考えれば，サービスの継続性をより高める工夫も要している。そこで，サービス提供の企画力や運営力を高めるために，こうした組織を社会的企業化するなど，運営体制を強固にする必要がある。こうした組織内で，一定程度，研修や交流会が開催されることになれば，サービス品質は向上し利用者満足は高まる。また，サービス提供中のリスクについても共有することで，より適切な対処が可能となる。人材面や組織運営面を強化充実しながら，活動領域と活動部面を広げていくことが望ましい。[11]

### 2　地域主体の役割分担のあり方

次に，住民間の相互扶助組織以外の，非営利団体による地域福祉活動を取り上げてみよう。全国的な組織としてはJA（Japan Agricultural Cooperatives，農業協同組合の全国組織）がある。[12] その基本方針によれば，利用者としての組合員と，地域住民にワンストップで総合サービスを提供することで，地域インフラの一翼を担うことを掲げている。

具体的には「JA地域くらし戦略」を打ち出し，地域インフラの一翼を担う方針を立てている。そして，組合員，地域住民，NPO，学校，行政機関等の地域社会の利害関係者とともに，食農教育，高齢者生活支援などのJAくらし活動を進め，また共同購入などの生活購買事業，厚生事業，介護事業，旅行事業といった生活インフラ事業，そして災害対策を含めて地域を共同で支えることを目的としている。介護保険の総合事業にある配食サービス事業の中核を担うだけでなく，社会的弱者の生活支援にも注力している。このような活動は，協同組合組織の基本理念にも合致することから，その地域事業展開が注目されることになる。将来的には，各種業務の委託に加えて，地域マネジメントの運営にも参画することで，主導的な役割を果たすことも期待されている。特に今後は，地域支援事業（新しい総合事業）として生活支援サービスの充実にポイ

ントが置かれており，行政によるコーディネートのもとで，地域資源と目される組織や団体が協議会を通じて協働することになる。

　具体事例には，JA えちご上越による上越市，地区社協との連携事業がある[13]。上越市では，日常生活圏域を13に区分して，地域拠点としてそれぞれでサロン活動を行っている。実はその多くは地区の社会福祉協議会から委託を受けているものであるが，一部の遠隔地域については JA が直接請け負っている。社会福祉協議会は保健師などが対応する口腔ケア，脳トレ，介護予防運動などが得意である一方，JA は組合員の女性を中心に食生活の改善事業，手芸教室・料理教室の実施などに強みを発揮する。このようにして，自治体がコーディネートしながら，既存の組織と新たに参入する協同組合組織が協働し，それぞれの特徴を生かしながらその役割を補完し合うのである。協同組合組織は独自に介護福祉施設などを運営する一方で，他の組織・団体と協働しながら，一参加者として地域福祉を支えていくことになる。

　最後に，事例を挙げながら，行政側の仕組みづくりに触れよう。まず，よく知られた事例として，柏市の生きがい就労事業がある（佐藤，2014，53頁）。その事業では，住み慣れた地域で最後まで自分らしく老いることを目的としており，地域包括ケア構想に則り，歩いて暮らせる住空間の環境整備を目指している。それに加えて，地元の事業者が雇用の受け皿となって，高齢者を積極的に受け入れること，つまり「生きがい就労事業の創設」を目標にする。具体的には，「農業事業」「葉物野菜の栽培事業」「屋上農園事業」「コミュニティ食堂事業」「子育て事業」「学童保育事業」「高齢者同士の生活支援事業」「介護サービス事業」の八つの事業を実現しながら，高齢者のセカンドライフ支援プラットフォームを構築して，就労ニーズの多様性に応える事業を展開している。地域資源とニーズのマッチングを図ると同時に，高齢者に対して就労の動機づけと啓蒙活動を行い，ネットワークの構築を通じた地域コミュニティの再生を企図しているのである。

　次に，藤沢市のグループリビング事業がある（佐藤，2014，81頁）。これはコレクティブハウスを拠点として，脱家族・脱施設の地域家族化計画である。この方式は，自治体主催の研究会が設計した建物を土地オーナーが建て，NPO

が一括借り上げするやり方である。そして，コープかながわの委託事業をしていた女性たちのワーカーズ・コレクティブの調理部門やサポート部門と契約し，生活に必要なサービスを共同購入して利用するのである。しかし，入居する高齢者が自力で共同購入を続けることには無理がある。そこで，NPO法人COCO湘南が入居者の意思をまとめ，「生活支援サービスの共同購入」を行う契約主体となっている。入居者が要介護状態になった場合には，介護サービス事業者を選んで個々に契約し，自分の状況に合ったサービスを選択することもできる。さらに，ここは地域の人々の働く場でもあり，ボランティア活動の場としても機能している。

　これらの事例は，地方自治体が企画し，多様なサービス提供主体と連携しながら，居住環境と就労環境，そして福祉サービス提供環境を同時に整備していく内容である。これ以外にも，テーマ型組織ないしは地縁型組織である相互扶助組織やNPO法人と連携して，「高齢者・障がい者支援」「子育て・教育支援」「不登校児支援」「母子・父子家庭支援」「若年就労支援」など広範囲な地域福祉サービスを提供している事例がある。今後も，地域社会に小回りが利き，情報優位者である組織・団体との連携によって，地域福祉をマネジメントしていく事業が広範囲に展開されていくと思われる。

## 第5節　住民主体の地域福祉改革
### ：真の地域主権と生活者主権を目指して

　現在進行している地域福祉におけるサービス供給の多元化は，単に国や企業の財政負担の限界から招来されているものではない。英国のパッチ・システムを参考にするまでもなく，地域における高齢者像が多様化しており，それぞれのニーズを発見し，それに切れ目なく対処するには，画一化された自治体の提供するサービスだけでは明らかな限界がある。また，高齢者介護を取り巻く環境は，家族関係の変化や健康状態のちょっとした変化でも大きく変わり，それに対処する必要もある。要介護，要支援，要生活介助の状況を「発見」するには，行政との距離は遠すぎる。もちろん行政側でもこれに気づき，様々な施策

を試みているものの，最後のアウトリーチにおいては，地域住民，地域で活動する相互扶助組織，NPO法人との連携を欠くことはできない。こうした組織・団体の小回りの利く，柔軟なサービス供給が適合するだけでなく，それがもつ介護・介助実践で得られる日常的な情報をうまく活用することも欠かせない。

　ただし，こうした組織・団体にとっても，補助金を通じたコントロールや利用料を介した業務委託だけでは，その趣旨が貫徹されるとは考えられない。真の意味で官民のパートナシープを築くには，関連するサービス提供の計画立案や配給方法，そしてその評価のあり方まで関与してこそ，つまり企画に参加してこそ，情報収集のインセンティブやその活用方法を前提とした情報の活かし方の工夫が生まれてくる。こうした組織や団体の地域マネジメント参画を通じて，地域住民と行政の距離はより近くなる。[14]

　現在は地域ケア会議の中のエリア会議がこうした役割を担っている。ただ，ケア・マネージャーである社会福祉士，保健師・看護師などの有資格取得者は，給付管理に関する事務処理業務，サービス提供機関間の連絡・調整などに忙殺され，継続的なモニタリングやサービス内容の評価までは至っていない。また，サービス利用の可否や優先順位の決定など，サービス供給の全体像を統括する立場にはない。

　そこで今後は，こうした有資格者や介護・介助予防の実践者に対して，研修活動を強化しながら高位の資格として地域ファシリテーター，地域コーディネーターを創設することが必要である。地域住民の活用をさらに考えるのであれば，家庭での介護ないしは育児経験に対して優先的に研修を受ける権利を与えて，積極的に関与してもらう方策もありうる。いずれにしても，行政側は地域問題や身近な生活支援情報に精通したリーダーを養成することに腐心すべきである。

　さて，介護保険に見られる総合事業では，地域の福祉資源を有効活用することが提起されている。配食，健康づくり，精神的な高揚など，心身ともに健康な高齢者を支える地域産業は，コンビニからフィットネスクラブ，そして農協・漁協や住宅産業まで無数にあり，それぞれの英知を結集する方向にある。

当面は，営利企業との関係は業務委託が中心になるものの，公益性が高い協同組合組織などと，企画立案からサービス実行まで多くの側面で協働することができる。また，地域問題解決型の「社会的企業」との連携も現実的である。こうした「社会的企業」は，ソーシャル・イノベーションの追求とコーポラティブの両方の特徴をもつ。すでにいくつかの社会的企業は，孤立した高齢者のケアやサポート，そして予防活動で成果を挙げている。社会的企業が公共サービスに参入するメリットは，利用者視点に立ち，臨機応変にニーズに対応できることにある。また，特に専業主婦や高齢者が主体となる社会的企業は，地域住民自治で民主的に運営されている。こうした組織と連携していくことは，行政と住民の協働活動を意味し，サービス提供の過程で住民や利用者の参画を推し進めることになる。こうした意識の高い地域住民との関係強化は，本当の意味での地域マネジメントへの住民参加，生活者参加につながる。結果的に，地域活性化はコミュニティ再生にも地域福祉資源の増大にも寄与するであろう。

　現下の地方行政を見ると，生活保護や児童扶養手当などの情報すら地域住民に行き渡っていない現状がある。また不充分な年金受給から，金融機関や消費者ローンなどから借入れを繰り返す家計も多く，社会福祉協議会による低利融資などは活用されていない。生活の全体像を捉えるとき，身体的な介護介助だけでなく，生活設計や家計面で不安を抱える高齢者は多い。こうしたことが引きこもりや心身の健康を阻害することにつながる。その意味で，福祉の専門職だけでなく税理士・FPなど様々な専門家が，地域の高齢者を手助けする意義は高い。介護や福祉サービス面の情報だけでなく，高齢者の生活をトータルに捉えた情報提供が不可避である。地域における生活情報の提供と相談を一か所でできる地域総合相談窓口の創設を通じて，適宜，適切な情報を提供することは，地域福祉と一国の社会保障を根底から支えることになる。こうした情報提供の部面でも，その保護を徹底しながら，民間組織や地元住民との協力や協働が望まれている。

注
(1) 逆に，国や地方自治体などの官僚組織にも固有の問題点がある。経営能力開発センタ

　　　　（2016）のウェーバー組織論（136頁）を参照のこと。
(2)　わが国の介護保険制度は，制度構造としても，そもそも地域包括ケアへの必然性が組み込まれたものであった。この点については，小笠原・栃本（2016）2-4頁を参照のこと。
(3)　財政上の問題も含めて集権的な福祉サービスの供給体制にも一定の限界があり，それを分権的な多元主義が回避できることが重要なポイントである（平岡，2003，33-35頁）。
(4)　ノーマンは，民間福祉活動の特徴を次のように纏めている（ノーマン，1989，56頁）。
　　　・時代と地域によって変化するニーズの発見
　　　・こうしたニーズに応じたサービス提供方法の開発
　　　・新規ニーズに対するボランティア活動の広がり
　　　・民間非営利組織における企業マネジメント手法の導入
　　　・民間非営利組織のコミュニティ・グループへの包摂と民意の取り込み
(5)　こうした活動について，社会的価値法によって地域コミュニティへの影響が測定された。わが国の近時の事例では，社会的企業の試みがある。地方自治体からスピンアウトした高齢者福祉の「社会的企業」は，ソーシャル・イノベーションの追求とコーポラティブに特色をもつ。介護保険制度の改正で，すべての地方自治体が2017年4月までに「新しい総合事業」を始めることとなったが，高齢者福祉の「社会企業化」は先行事例としての意義をもっている。具体的に，いくつかの社会的企業は，孤立した高齢者のケアやサポート，そして予防活動で成果を挙げている。社会的企業が公共サービスに参入する理由は，利用者視点に立ち，臨機応変に危機状況に対応できるからである（平岡，2003，81頁）。
(6)　岡村はこれを「自己決定の原則」にたとえている（岡村，2009，9頁）。
(7)　2005年の介護保険の見直しでは，地域で提供されるサービスの総合相談・支援，介護予防マネジメント，包括的・継続的マネジメントを担う中核機関として「地域包括支援センター」が創設された。そこでの中心的業務は，①地域の高齢者の心身や家族状況の把握と総合相談支援，②高齢者の権利擁護，③介護予防ケアマネジメント，④包括的・継続的ケアマネジメント支援，以上である。その後，2010年に「地域包括ケア研究会報告書」が出されている。
(8)　社会福祉法人の役割や地域福祉における位置づけについては，野口（2016，205-206頁）を参照のこと。基本的には，社会福祉法第107条と第108条において，「地域福祉実態の調査」「地域福祉の総合企画」「福祉サービス提供主体間の連絡・調整そして支援」「地域福祉に関する広報」などの役割が規定されている。社会福祉協議会は，高度の公共性を有する民間活動団体であるものの，財源の大半を公費に依存している現状から，地域行政からの業務委託機関ともみなすことができる。
(9)　田中，2013，291頁。さらに，国の施策としては，第5期の介護保険事業計画の策定の中で，事業計画策定委員会内に「日常生活圏域部会」（仮称）を設置して，地域の課

題と提供サービスのマッチングを図ることとしている。
(10) これらの点は，英国のコミュニティケアに関する1990年制定の「国民保健サービスおよびコミュニティケア法」ならびに1992年の「チャリティ法」に詳しい。その中では，ボランティア活動の有償化，互恵性ないし互酬性などが再度，クローズアップされることになる。
(11) 時間貯蓄制度の国内事例としては，全国組織NAIC，宮崎豊心会，地域通貨「おうみ」などがある。このうち，NAICの設立は1994年4月であり，会員数は全国で約3万人で，支部が全国で130か所ある。こうした全国展開により，転出に伴って，地方の支部にポイントを移転することや，遠隔地にいる家族のためにサービスを利用することも可能となっている。海外事例として著名なのは，カナダのタイムバンクである。
(12) 増田（2015）の第2章，第3章を参照のこと。また，農協共済総合研究所（1998）の第4章では，こうした地域貢献活動の歴史的経緯が記載されている。すでに1985年頃から農村部の高齢者対策が意識され，21世紀に入り介護保険が導入される頃には，具体的な活動が進展している。基本的には，支援が必要な高齢者と元気な高齢者を分け，前者に対してはホームヘルパーの養成とJA助け合い組織を通じた介護・介助サービスを提供してきた。これには給食・配食サービスも含まれる。それ以外に，介護福祉施設の設立母体となって，社会福祉法人を設立し，運営にも取り組んでいる。後者の元気高齢者には，サロン活動などを通じて，健康増進事業を実施している。
(13) ここでの記述は，JA全中の川端慎介氏作成の資料（「今後のJA高齢者福祉活動・事業の課題について」）による。
(14) こうした仕組みの事例として，名張市の「まちの保健室」がある。「まちの保健室は『身近な地域』（小学校区；筆者加筆）に設置された初期総合相談窓口として，様々な相談を受け，民生委員や地域住民とともに公的サービス利用の有無にかかわらず見守り支援を行うとともに，地域の支え合い活動を行う住民の担い手の掘り起こしや社会資源の開発といった役割も期待されている」（永田，2013，62頁）。こうした相談窓口は，地域包括ケアセンターの出先として，地域住民との接結点の役割も果たしている。一方でこうした取組みには，「第1に，個別支援と地域支援を一体的に展開していくための能力を個々人の能力だけでなく，体系的に高めていくこと，また，第2に，現在行われている実践の中から初期総合相談窓口であるまちの保健室やそのワーカーが持つべき機能や能力を一定の共通基盤として確立すること」などの課題があるとされる（同上書，63頁）。こうした課題を克服するために，個々の事例を検討し，それを蓄積した成果として実践マニュアル集を作成している。こうした相談窓口は，地域住民や行政と手を携えて支援をしており，地域のパイプ役となっている。また，関連する専門職とも連携を取って，伴走型の支援をしていることにもその特徴がある。

## 参考文献

一圓光彌・林宏昭編著，2014，『社会保障制度改革を考える』中央経済社．
小笠原浩一・栃本一三郎編著，2016，『災害復興からの介護システム・イノベーション』ミネルヴァ書房．
岡村重夫，2009，『地域福祉論』光生館．
河野真，1998，「福祉多元主義のゆくえ――利用者主体の福祉改革と新自由的改革の動向をめぐって」『季刊 社会保障研究』第34巻第3号．
関西大学・石田成則ゼミナール，2016，「地域コミュニティの再生における住民参加型在宅福祉の役割」『損害保険研究』第78巻第2号．
金川浩司，2002，「介護保険下におけるNPOの役割と課題」『生活経済学研究』第17巻．
経営能力開発センター，2016，『経営学 検定試験公式テキスト』中央経済社．
佐藤幹夫，2014，『ルポ高齢者ケア――都市の戦略，地方の再生』ちくま新書．
武川正吾，2012，『政策志向の社会学――福祉国家と市民社会』有斐閣．
田中滋，2013，「『ヘルスケアにおける連携』の社会的位置づけ――政策論の観点から」『医療と社会』第22巻第4号．
土田武史編著，2015，『社会保障論』成文堂．
寺田玲，2007，「福祉生産・供給システムの生成と地域福祉政策」『佛教大学大学院紀要』第35号．
永田祐，2013，『住民と創る地域包括ケアシステム――名張式自治とケアをつなぐ総合相談の展開』ミネルヴァ書房．
西垣千春，2011，『老後の生活破綻』中公新書．
農協共済総合研究所，1998，『JAの高齢社会への貢献』家の光協会．
野口定久，2016，『人口減少時代の地域福祉』ミネルヴァ書房．
平岡公一，2003，『イギリスの社会福祉と政策研究』ミネルヴァ書房．
藤田孝典，2015，『下流老人』朝日新聞出版社．
堀田力，2003，「相互扶助型地域通貨」『自治フォーラム』第530号．
増田佳昭，2015，『准組合員とこれからのJA』家の光協会．
山本惠子，2016，『英国高齢者福祉政策研究』法律文化社．
湯沢雍彦，2014，『データで読む平成期の家族問題』朝日新聞出版社．
ノーマン・ジョンソン／田端光美監訳，1989，『イギリスの民間社会福祉活動』全国社会福祉協議会．(Norman, Johnson, 1981, *Voluntary Social Services*, Basil Blackwell.)
ノーマン・ジョンソン／青木郁夫・山本隆訳，1993，『福祉国家のゆくえ――福祉多元主義の諸問題』法律文化社．(Norman, Johnson, 1987, *The Welfare State in Transition*, Harvester Wheatsheaf.)
Adalbert, Evers and Ivan, Svetlik, eds., 1993, *Balancing Pluralism*, Avebury.

（石田成則・小笠原浩一・山本克也）

# 第5章

# 地域政策と地域経営

　地域が疲弊し,消滅する可能性のある都市が,高齢化とともに農村山間部,地方都市をへて大都市圏へ移ってきています。それは買物困難者の動向に象徴的に表されています。その一方,生活を豊かにするための数々の技術革新が生み出されつつあります。また地域政策の企画主体が従来型の中央官僚の手を離れ,地域に住む生活者に移っている現状があり,生活者自身が自立・自主・自考により地域を蘇らせる時代となりました。真の地域活性化・地方創生とは何かを各自が問い直す契機にしてください。

## 第1節　地域の課題

### 1　地方消滅から生活者へ

　2014年5月,「日本創成会議」(座長・増田寛也氏)が発表した,いわゆる「増田レポート」において,少子化等の理由による人口減少で,存続が困難になると予測され「消滅可能性都市」が2040年までに全国基礎自治体の1799市町村のうちほぼ半数に当たる896市町村にのぼるという結果が示された[1]（日本創成会議,2014)。2010年の国勢調査を基に2040年の人口を試算した結果,秋田,青森,山形,岩手,島根においては8割以上の市町村が消滅可能性都市に該当し,また大都市部の東京都豊島区,大阪市中央区,神奈川県三浦市,なども消滅可能性都市と予測した。

　問題提起は,人口減少が遠い将来のことではなく,地方の多くの都市で,すでに高齢者を含め人口が急減する深刻な事態をむかえていること。そして人口減少の原因は地方から大都市圏(特に東京圏)への人口移動が深く関わっており,その地方からの人口流出も東京の人口再生産力(出生率)の低さから国の衰退を招くとしている点である(図5-1)。出生率が向上傾向にある日本の状

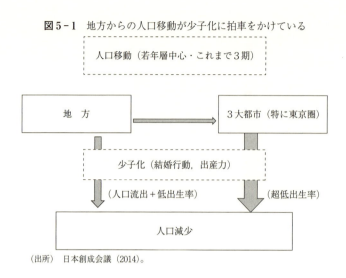

図5-1 地方からの人口移動が少子化に拍車をかけている

(出所) 日本創成会議 (2014)。

況ではあるが，今後は若年女性数が急速に減少する傾向にあり，少子化対策を早急に実施し，諸外国の政策にならい，出生率の向上を政策によって支援し，少子化対策を抜本的に強化することが必要である。さらに，子育て支援策として，子育て環境の問題から晩婚化や若年層の所得問題にも踏み込んだ総合的対策が求められると結論づけている（増田，2014）。

当該レポートでは，これまで国民生活や子育て，出産等などの私的な価値観に関わる視点であるためタブーとされ議論されてこなかった点にふれ，今後の日本の将来を映し出した点で，該当する自治体や生活者は強い衝撃を受けた。政府からも地域の創生や活性化への支援，創生本部の創生二法と称される政策が実施された。喫緊の対策として女性の社会参画を促進しつつ少子化対策を実施すべきだと提起している。また，対策を講じる主体も，活動単位を市町村（基礎自治体）という最小単位に落とし込んで，住民である生活者自体が活躍でき，各個人が輝ける政策体系になっている点で従来型の政策とは趣を異にしている。

## 2  買物困難者

①規模と類型

　地方消滅の危機の中，生活者が直面する買物困難者（弱者）の問題は深刻になりつつある。生活経済を営む住民の中で，住んでいる地域で日常の買物をしたり，生活に必要なサービスを受けたりするのに困難を感じる人たちのことを，「買物困難者」，または「買物弱者」と定義する。現在，日本の買物困難者数は経済産業省の試算によると，60歳以上高齢者数（2010年度3928万人，2014年度4198万人）と内閣府調査での「日常買物に不便」と回答した比率（2010年度調査17.1%）を掛け合わせ算出した推計値がその実態を表しているとされ，その数は2010年度で672万人，2014年度で718万人であったと推測されている。高齢化が進むにつれて今後さらに買物困難者は増加することが予想される。

　当該現象は商業施設の規模の大型化，および郊外化が原因として挙げられ，さらには近隣の商業施設である商店街の衰退による日用品販売店舗の減少が挙げられる。小売店舗数は1980年代前半をピークに減少し，商業構造としては，中小小売商業店舗数の減少とそれに代わる大規模小売店舗数が増加した。郊外立地の大型店を利用できない高齢者層を中心に買物困難者が増加したと想定される。さらに対象となる高齢者が利用する交通手段においても，市町村合併や自治体財政の逼迫による公共サービスの統廃合が進展し，郊外型の商業施設が利用できなくなる現象が発生した。さらに利用する生活者も核家族化と高齢化が進みこの傾向に拍車をかけている（姉歯，2005；矢吹，2006）。

　対象地域を"大都市""ベッドタウン""地方都市""農村山間部"に区分してその実態を論ずる調査研究が多い。最も厳しい状況にあるのは農村山間部と地方都市で，人口構成でも農村山間部はすでに高齢化が進み，現在，最も困難者の構成比が高い地域である。次に地方都市が挙げられ，大型店の郊外化が進展し市内の商店街が衰退しており，経済産業省の予測によるとこれらの傾向は2025年，2035年で地方都市の高齢化率は他の類型（大都市，ベッドタウンなど）よりも高く，急速に深刻化する可能性があると結論づけている（経済産業省商務情報政策局，2015）。

②対策事業

　対策として"商業の継続性"が重要で，事業の採算性と担い手の確保が必要となる。これら対象者への物販等サービスは通常なら採算のとれない事業で，取り巻く商圏内の利用者数が少なく，さらにサービスを提供する際の費用（輸送費用および人件費）が圧倒的に割高になることにある（折笠，2015a）。これらの赤字事業を担っている事業者は，公的支援のない，民間の商取引事業者が主であるため，事業継続ができない。そこで採算性を確保するための視点としては，第一に，大手企業のCSR事業との連携が代表的事例で，事業採算性が見込めない困難者対策事業を，企業全体の評価を高める目的で採用される慈善事業とに絡めて支援を受ける方策である。第二に，市場原理のもと，高い粗利益率を維持し事業継続が可能な利益分を確保する方策である。例えば，地域の中小スーパーと事業ノウハウを提供している「とくし丸」（オイシックス）の移動販売が好例である。とくし丸本部に加盟している中小スーパーにて移動販売を行う仲介業者（行商車両運用者）が朝，商品を仕入れ，夕方，売れ残りを返品する事業形態により，仲介業者の売れ残りロスをリスクヘッジし継続性を確保している。仲介業者は消費者に販売価格に1品当たり配送料として10円上乗せし，かつ3割の高めの粗利を確保している。通常一般的な物販の粗利益は20～30％で量販店でも販売されているので，10円の配送費用の上乗せは利用者にとっては許容範囲にある（『日経MJ』2015年1月30日付）。次に粗利益率の高い商品である大手小売企業のPB商品群や受注商品（おせち，恵方巻，ケーキ類等），本来，ロス率の高い生鮮食品の受注販売なども困難者対策事業として利用機会のある商品といえよう。第三に，提供する事業者が他の事業資源とプロセスを共有した提供形態が有望である。一般のWebを活用した受注後の集荷作業に買物困難者対策の電話注文の集荷作業を結合して運用することで，費用の削減を図る。または配送プロセスにおいても店舗購入商品と買物困難者対策の商品は配送を混合させて行う。ほかにも移動販売先が農家であれば，届け先の農家で栽培した農産物を買い取り，同時に仕入れを実施する京都の株式会社「いととめ」のような事業もある。また食料品だけに限らず日用雑貨品（洗剤・紙類・調理器具）やサービス（住宅メンテナンス・掃除・庭の手入れ・雪下ろし・

図5-2　買物困難者支援事業対応表

| 調査名 | 地域生活インフラを支える流通のあり方研究会報告書等 | 買物応援マニュアル Ver.2.0 | 食料品の買物における不便や苦労を解決するための先進事例 | フードデザート問題が生じる無縁社会の砂漠（メッセージ） | 買物困難・フードデザート問題等の現状及び今後の対策のあり方に関する調査報告書 | 代表的事例像 |
|---|---|---|---|---|---|---|
| 内容（主体・時期） | 経済産業省 2010年5月 | 経済産業省 2011年3月 | 農林水産省 2011年8月 | 茨城キリスト教大学 岩間信之准教授 2013年7月 | 経済産業省 2014年度 | |
| 上記調査における類型 | 買物代行／宅配／移動販売／便利な店舗立地／店への移動手段の提供／店内移動の支援／物流改善 | 家まで「商品を届けよう」／身近な場所に「店を作ろう」／店から「出かけやすくしよう」 | 共食型：会食／食品宅配：料理・弁当の宅配、買物代行・御用聞き、御用聞き、有機野菜、生協品の宅配／移動販売：移動スーパー・訪問販売／店舗販売：最寄り店舗の新設、朝市、店頭での販売／移動手段の提供 | 共食型：会食／配達型：配食、買物代行、宅配／アクセス改善型：移動販売、買物場の開設、買物バス | 会食／配食／買物代行／宅配／移動販売／買物場の開設／移動手段の提供／店内移動の支援／物流効率化その他基盤改善 | 老人たちを公共施設に集めて会食を実施／昼食を高齢者の自宅に配食／支援を受けた住民が買い物に出かけ、自宅まで配達／電話・ネットで注文を受けた商品を自宅まで配達／移動販売車が集落を巡回し日用品等を販売／商店街に期間限定で出店しスーパーを運営／地元スーパーが集客のために無料バスを運行／高齢者の買物負担を軽減し、移動販売いすを貸し出し／各即売業者がもっている配送網を活用し減税、過疎地の商店をサポート |

（出所）経済産業省商務情報政策局（2015）を基に筆者作成。

見守り・給食配達・クリーニング）提供などの事業拡大で利益を補塡する方策もある（折笠，2015a）。買物困難者への多様な対応策を**図5-2**にまとめた。

### ③　ネット販売の進展と生活者の消費購買行動

　第四次産業革命が注目される中，生活者の利便性を高め，地域格差のない，低コストな社会運営の実現に向け，ネットビジネスの「オムニチャネル化」と「シェアリングビジネス」と生活者の関わりについて考察する（経済産業省産業政策局，2016）。

　インターネット販売は，通信網の普及，特にスマホの普及と物流配送体制の拡充によって進化し，生活者の消費者購買行動をも変えてきた。買物行動も実店舗にて商品を検討し（ショールーミング），購入はネットの比較サイトにより購入先を"選別"し，購買する形式が拡大してきている。スマホの普及により消費購買は時間・場所に制限されず，よりスムーズな検索・確認・発注により，ネットユーザーの拡大は確実に上昇している（**図5-3**）。

　米国で開発されたチャネルであるオムニチャネルのオムニ（omni）とは「全」「総」という意味である。NRF（National Retail Federation）によって設立されたMRI（Mobile Retail Initiative）のMobile Retailing Blueprintによるシングルチャネルからオムニチャネルまでのチャネルの進化によると，シングルチャネルとは伝統的な消費者と小売業のつながりであり，マルチチャネルとは，一企業により販売チャネル（店舗，カタログ通販，ネットチャネルなど）ごと，独立に運営される形態でチャネルの機能的・技術的な特性を優先しチャネルごとに運営されるビジネスモデルである。クロスチャネルはネットで注文して実店舗で受け取るような消費者の発注や受取りなどの行為がチャネルを跨いで執行されるチャネル形態であり，最近日本でも普及している。さらに進んだオムニチャネルは，どのチャネルからも発注・受取りが可能で，消費者からはシームレスな運用を実感するチャネル形態である。企業内部の業務管理は複数チャネル間で一元管理（品揃・在庫・顧客管理）される点で他のチャネルと異なる（『日経MJ』2015年10月21日付）。

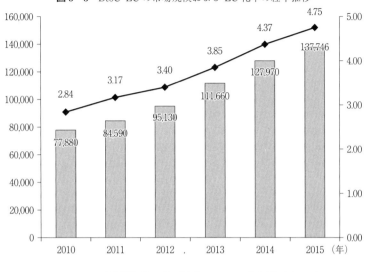

図5-3 BtoC-ECの市場規模およびEC化率の経年推移

(注) B to C (Business To Consumer)：消費者向け電子商取引
EC (E-Commerce)：電子商取引
(出所) 経済産業省商務情報政策局 (2016)。

①チャネル主体から生活者へ

　シングルチャネルからクロスチャネル間ではチャネル間に壁があり企業の組織体制もチャネル別の業務管理がなされるのに対して，オムニチャネルはチャネル間の壁を外して管理を一元化している。そのため焦点はチャネル縦割りの管理ではなく，顧客主体の管理体制がとられ，顧客経験価値（購入の楽しさ・嬉しさ，利便性の向上，統一感のある体験）の最大化を目的としたサービス設計がチャネル横断的オペレーションをへて運営される。当該オペレーションでは在庫管理，品揃えに対するサプライチェーンマネジメント，顧客ID管理，コンタクト履歴記録・分析がチャネル横断的になされることで，従来のチャネル単位で存在していた壁を乗り越えることができる。さらにフロント技術（バーコード，二次元コード，FeliCa，NFC，位置情報，IoT，SNS）の進化は既存顧客が残した購買情報（ID-POS等）だけでなく来店時購入しなかった顧客店内行動を，他のチャネル顧客情報が存在すればそれを活用し分析でき，さらには来

店に至らない潜在顧客の消費者行動をライフスタイルの視点から分析する試みまで進歩している。現在では，提携サイトの検索履歴やWebメディアへのアクセスと提携ECサイトの購買データを活用し，特定商品を購入しそうな顧客へのcookie等を利用したネット広告が配信されている（中村，2012）。

②買物困難者への支援事業

セブンアイホールディングのセブンミール事業とオムニセブン事業では買物困難者への支援活動を実施している。オムニセブンではセブンイレブン，イトーヨーカ堂，そごう・西武，ロフトなどの専門店の商品180万品目を扱い，専用のタブレット端末をセブンイレブンの店舗に導入し，高齢者宅に社員やアルバイト店員が直接訪れ，商品の注文を受け付け，同社員・アルバイトが商品を配達するサービスを実施している。以前から弁当の宅配サービスである「セブンミール」事業では配達先に訪問した際，買い物が十分できない高齢者宅で顧客の注文を聞き，セブンイレブンの商品を届けることは実施していたが，今回は系列企業すべての在庫商品を注文できるオムニチャネルによる事業を拡大している（『日経MJ』2015年11月11日付）。

③生活者の消費嗜好と取引形態

ネットチャネルを利用する消費者の購買行動も変化してきた。P&G社は，消費者が消費行動を決定する瞬間（消費者が棚で商品を見て購入を決める瞬間〔3～7秒〕）をFMOT（First Moment of Truth）と称し注目した。現在では事前検索の瞬間をZMOT（Zero Moment of Truth）と表現し，店舗でのFMOTより以前に，家庭内や店舗内で端末により検索行動，購買意思決定がなされた瞬間が重視されてきている（Google, 2011）[3]。生活者の購買決定がネット上で決定され，その際の顧客経験価値の形成においてシームレスなオムニチャネルであるか否かが重要であるといえよう。

米国で開発されたオムニチャネルは，消費者の嗜好や商取引形態の異なる日本での普及には課題もある。米国での成功事例と評価されている百貨店メーシーズでの事例は，商品仕入形態が完全買取制を採用し，効率的な商品選別を実施，オムニチャネルは有効に作用した。これに対し，日本の百貨店では，未だに消化仕入で，膨大な季節商品や流行商品が展示される百貨店での在庫管理は

供給企業（メーカー・卸）が実質的に在庫管理を行い，小売業による一元的在庫管理が実現できない現状にある。「経験の共有」が型番で済む画一的消費社会の米国と，心を揺さぶられる接客や豊かなテイストがあってこその日本の百貨店販売とでは異なる（山下, 2014）。今後，オムニチャネルや周辺器機の技術革新や，消費者の感性を伝えることができる高度な技術革新が進展すれば，日本独自の購買行動を呑み込んで成長できる可能性があろう。

### 4 シェアリングビジネスと生活者

①シェアリングビジネスとコモンズ論

土地の所有では，私有・共有に二分法で分類できたのは近代以降である。それ以前は中間の所有形態である共有（総有）という形態が存在していた（伊藤, 2016）。ハーディン（Hardin, L.）が著した『コモンズの悲劇』では利用制限のない共有の牧草地と複数の合理的な農夫を前提とすると，歴史的考察から完全に所有関係が明確でない共有資源（入会地：commons）が必然的に枯渇（消滅）することから，共有資源の制度を解体し，私有制度を徹底すべきであると結論づけた（Hardin, 1968）。これを受けて共有資源のガバナンス論を打ち立てたのがオストロム（Ostrom, E.）である（Ostrom, 1990）。

彼女は，コモンズの悲劇，囚人のジレンマ，集合行為の理論がコモンズという概念を表わしているとし，ゲーム理論を活用し説明した。これらのモデルの根幹にあるものは「ただ乗り問題」であると主張し，また共有資源の保全管理の方法として従来，主張されてきた2分法である「国家による解決」と「市場による解決」以外の第三の方法として，当該資源に利害関係を有する当事者が自主的に適切なルールを設定し保全する「セルフガバナンス」の可能性を提起した。さらに，保全を実現するためには信頼やコミュニケーションの重要性とともに情報共有，交渉手続き，ルールの執行方法やガバナンス体制の重要性を実証研究の成果として提示した。このように共有資源の管理を国家管理または市場原理ではないオストロム流の当事者間のセルフガバナンスによる保全の有効性が，この後のシェアリングビジネスの理論的支柱となっている。

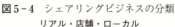

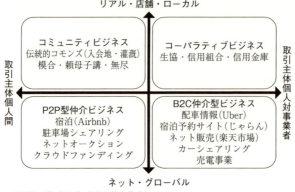

図5-4 シェアリングビジネスの分類

(出所) 芝(2015)を基に筆者作成。

②シェアリングビジネスの事業形態

　当該事業では，共有される資源が商品（モノ）・金銭・空間（土地・宿泊施設）・スキル・情報・サービスなどで，現在では様々なビジネス形態のシェアリングビジネスがすでに存在している（伊藤，2016）。類似の事業形態は日本においても伝統的に存在し，西日本で展開されてきた「頼母子講」，東日本の「無尽」，沖縄の「模合」，などがあり，信用金庫・信用組合などの近代的金融制度も広い意味でのシェアリングビジネスといえよう。シェアリングビジネスは全世界の市場規模で2013年の150億ドルから2025年には3350億ドルの規模に達するとされる（総務省，2015；PwC, 2014）。その事業を分類すると縦軸では上方向のリアルは店舗形式であり空間的な適応範囲の広がりは限定的（ローカル）となる。下方のネットの場合は通信ネット利用で広域型（グローバル）型のサービスの提供となる。横軸は仲間（peer）同士のP2P型と事業者（Business）と顧客（Customer）のB2Cとの視点で分類できる（図5-4）。

　当該ビジネスの拡大はソーシャルメディア（Facebook，ツイート等）の普及とレーティングシステム（レビュー）の信頼性によるものである。今後このビジネス形態は地域の生活者の事業参加を促すことが予想される。シェアリングエコノミーと生活者の家計管理との関連については，共有資源の原理の導入により家計はよりスリム化し，他者とのコミュニケーションの信頼醸成が広がり，

脱貨幣化により貨幣所有の意義は相対的に低下する可能性が指摘されている（伊藤，2016）。第四次産業革命の中に組み込まれるシェアリングエコノミーは，個人生活での脱貨幣化を促進しより低コストでの生活の向上が期待される。

③生活者参加の地域開発での先進事例

都市構想のレベルでシェアリングビジネスをインフラとして導入している試みとしては，愛知県の中規模都市である豊田市（人口42万人）における「家庭・コミュニティ型」低炭素都市構築実証プロジェクト「スマート・メリット」がある。豊田市の東山町と高橋町にある実証地区では，住宅67棟のスマートハウスに，太陽光パネル，プラグインハイブリッド車，充電スタンド，家庭用蓄電池，家庭内のエネルギーを最適化するHEMS（Home Energy Management System）を装備し，家庭用蓄電池への充放電や，PHVなどの充電管理を行っている。また，家の電力使用状況を確認できて，エネルギー需給の見える化を実現。生活者の行動パターンを学習したHEMSが家電コントローラーなどと連携し，エネルギー使用を最適に制御するシステムの実証が行われている。家庭内での太陽エネルギー発電による電力は，売電せずに家庭用蓄電池やハイブリッドカーなどの車載用蓄電池に充電し，ヒートポンプ給湯を起動させて，お湯としてためるように自動制御され，必要なときに家庭内で有効利用されている。

EDMS（Energy Data Management System）はコミュニティ全体におけるエネルギーの需給バランスを最適に制御し，各住宅のHEMSとEDMSセンターを通信回線で結び，コミュニティ内の各家庭やビルなどの施設の太陽光発電でつくった自然エネルギーを地域で上手に分け合い，エネルギーの地産地消を効率よく行うシステムである。EDMSは1日の発電量と利用状況を，30分ごとに3時間後の需要と供給を予測し，発電量が予測される使用量より少ないときには，節電やピークカットを実施し，最終的に，足りない電気はほかの地域や系統電力から補う。結果，節電，ピークカットで地域の電力使用量を平準化し，ピーク時に電気を使わないように目標を設定し，地域に電気が余っているときは安く，不足しているときは高くなるように需要を誘導している。EDMSが電力需給バランスを最適化し，電力利用が集中するときには，使わない車の電

気を家に戻して使うV2H (Vehicle to Home) システムにより,各家庭で必要な電力を補う。非常時や災害時にも利用できる。

　トヨタのHa:moは環境にやさしい次世代モビリティ社会を実現する交通サポートシステムである。スマートフォンなどのモバイル端末を利用したHa:moナビは,車と電車やバスなどの公共交通機関を乗り継ぎでの移動ルートを1回で検索できる国内初のシステムで,$CO_2$の排出量の最も少ない移動手段の組み合わせなどをナビゲートする。乗り物には町中の移動に適した超小型EVによるカーシェアリングネットワーク「Ha:moライド」も含まれる。これは駅から目的地までのちょっとした移動を助ける新しい形の車の使い方を提案している。Ha:moライドはナビアプリから簡単に予約が可能,駅前に専用ステーションがあるので,乗換えもスムーズ,ステーション間で片道だけの乗り捨ても可能。技術革新による低炭素社会の実現で維持コストの削減が期待される社会が到来する可能性がある（豊田市低炭素社会システム実証推進協議会,2014）。

## 第2節　地域活性化と生活者

### 1　地域活性化とは

　戦後から続く開発政策で用いられた,「地域開発」「地域振興」の概念は,物質的な経済成長を表す言葉であり,高度成長期を経た経済開発は,地域生活を向上させた（釜江・竹内他,2014）。その後に物質的な開発では解決できずに残った課題,顕在化した地域の課題についてその解決のために用いられてきた用語が「地域再生」および「地域活性化」,そして「地方創生」である（木村,2010）。

　「地域活性化」の定義はそれ自体,対象や活動の内容が明確でないため,「地域性を帯びた活動が推進されること」を"状態"として「地域活性化」と定義している（村瀬他,2010）。また「地域生活の維持や改善そして発展を目指す活動を総称して活性化」と捉え,"目的"として活性化を定義している研究もある（新川,2002）。活性化の本質的特徴を捉えた定義では高瀬武典・伊東理が,

地域の「活性化」は，地方分権の必要条件としての地域の「自律性」，そして非官僚性化の必要条件としての「自発性」を含むとし，これらの地域社会の自律性と自発性を高めることによって地域社会の何らかのパフォーマンスの上昇を目指す活動を地域活性化とした（高瀬・伊東，2007）。また，サステナビリティ（持続可能性）の視点と行政の補助事業との関わりから，地域活性化は補助政策に頼らない活動でなければならないと指摘し，経済的に持続可能であることを活性化の条件としている定義もある（東，2009；大藪，2009）。

### 2　活性化地域の事例

　鹿児島県鹿屋市串良町柳谷地区（通称"柳谷（やねだん）"）では豊重哲郎氏が中心となって独自の集落活動を実施し，生活者の参加意欲を高め，集落の活性化を実現している。補助金に頼らない地域づくりのモデルとして数々の賞を受賞している。
　やねだんは，人口300人（130世帯）の小規模集落で，豊重氏は町内会長として地域活性化を実現してきた。最初に有志が無償提供する農地（入会地：1ヘクタールまで拡大）を利用してデンプン用カライモを栽培し，住民が総出で栽培・販売し，コミュニティ型のシェアビジネスにより80万円の収益を上げた。そして，その資金を基に里山から土着菌を収集製造・販売する「土着菌センター」を設立。年間約3万キログラム程を販売し，2004（平成16）年には約200万円の収入を得ている。また，米ぬか等をまぜ，発酵させ，さらに肥料に交ぜたものを牛に与えて，その堆肥を利用し芋を栽培し，それを原料にいも焼酎「やねだん」を製造し地域ブランドとして販売し収益を上げている。収益は自主財源として，高齢者宅への警報器設置や子どもの補習塾（寺子屋）の運営に充てている。さらに，地区に点在する空き家対策として，数名の芸術家らを住まわせて創作活動の場として，また地区の小学生に対し絵画や彫刻の制作工程を見学させ教育活動の場として活用している。行政からの補助金の投入は全くない。豊重氏は「補助金頼りの地域活性化は制約が多く，人も地域も育たない」と主張しており，まちを活性化する方策として，補助金に頼るのではなく，住民への"参加意欲の醸成"が最も有効な手段である点をこの事例は示している。豊重氏は「人は体中からわき出る鳥肌が立つほどのうれしい涙の感動によ

って，優しい感謝の気持ちを持ち，地域の一員であることに目覚め，社会奉仕の一歩を踏み出す。リーダーは全ての住民に対して，この"感動"をいかにプロデュースするかが重要である」と主張している（『朝日新聞』2009年11月5日付，26頁）。現在では"人財の育成"の必要性を痛感し，後継者育成のための"故郷創世塾"を開講している。

国のモデル事業としても評価された上記事例にあるように，「活性化」とは主体である住民・生活者が「活性化されること」を受け入れることとともに，自らを「活性化すること」でもある。また，生活者の「気づきや感動」「意識の共有」を原動力として展開されることでもある。

地域活性化とは，地域の人々（生活者）が"自主"的に，外部からの経済支援から独立して運営できる程度の自律性と持続性を確保して，いわゆる"自立"性をもち，意欲的なリーダーのもと，生活者自らが考え（"自考"），企画し運営することで活性化を実現できるようになった状態をいう。次節ではこれらの「自主・自立・自考」という要因と戦後政策の整合性について考察する。

## 第3節　地域活性化施策の推移

### 1　「構造改革特区」から「まち・ひと・しごと創生」へ

誰でも自分の住んでいる地域が活力あふれ光り輝いていることを願っている。地域の活力はそこで生活している人々のエネルギーの総和であり，人々の知恵と努力の結果でもある。地域に活力があって生き生きとしていることが，そこに住まう人たちに安心と安全を保障する。であるから，地域の活性化は地域の人々の願いでもあり，また政府も政策の重要な柱として位置づけてきた。わが国の発展は地域社会の発展とともにあったといえよう。この地域社会の振興を図り発展させるために，これまで様々な仕組みが政府の施策として講じられてきた。

戦後のわが国発展の過程とその間にとられた地域振興策を振り返ってみるとき，地域活性化のための仕組みは長い間国家主導型だった。これは，戦後の荒廃した日本社会を立て直すためにはやむを得ない方針だった。当時の政府は小

資源国であるがゆえに加工貿易立国による国の復興を目指した。そのための手法として特定の地域に重厚長大といわれる産業の立地を図ったのである。そして地方もこの政策に協力をして政府の描いた絵を忠実に実行する実戦部隊となった。この構図のもとで戦後のわが国の経済大国としての基礎は構築された。戦後のわが国の発展は国主導による中央集権体制の地域振興策によって実現されたのである。

このような従来の国の地域振興策は補助金に裏打ちされた政府作成のプランによるいわば定食メニューであった。この定食メニュー振興策による場合には，住民の要請に市町村や県が自らの知恵と努力で対応するというよりも，国に陳情し政府の知恵と補助金を獲得するという作業が常態化していた。つまり，地域の人々が自分たちの知恵を出さなくなってしまって，国に対して要求・陳情する姿勢だけになっていたといっても仕方のないものがあった。とはいえ，時代の経過，経済の発展，国民意識の変化に伴って，そのようなシステムに不満を感じ，自らが暮らす地域の生活感覚を取り入れた独自の活性化策を地域で展開したいと思う人々が知恵を絞るようになってきていたのも事実であった。

必ずしもこのような国民サイドの要望を的確に捉えていたわけではなかったが，21世紀にはいってからの政府の打ち出す地域活性化のための施策は地域サイドに立ったものになってきたようにも受け止められてきた。この傾向は地方分権の推進という観点からもさらに進められるべきことだという指摘もなされている。

このような中央主体から地方主体へという政策変化は多くの省庁の様々な施策に見られるようになっている。その代表例であり先駆的なシステムといえるのが「構造改革特区」制度であり，またこれにつながる「地方再生」制度，「総合特区」制度，「国家戦略特区」制度，そして「まち・ひと・しごと創生」だといわれている。

本節では以下それぞれの制度について概観しつつ，相互の関連性と地方の主体性を尊重した仕組みとなっているかという観点からの考察も含めた政策的評価を行うこととする。

### 2 構造改革特区

「構造改革特区」制度とは「地域を限定して国による制度的な規制をより合理的・効果的な仕組みに変更しそれに応じた事業展開を可能にする」仕組みである。この仕組みはわが国社会の構造改革を推進しようとしていた小泉内閣のもとではじめられ，2002年12月に「構造改革特別区域法」（平成14年法律第189号）として制度化が図られ翌年4月に施行された。

その目指すところは，規制改革による日本社会の「構造改革を推進するとともに地域の活性化を図り，もって国民生活の向上及び国民経済の発展に寄与することを目的」（構造改革特別区域法第1条）としていた。すなわち，構造改革特区は日本社会の規制緩和の突破口としての役割と，地域を活性化するための仕組みの提供という二つの効果を期待されてこの世に生み出されたのである。

「構造改革特区」制度の先行例としては「パイロット自治体制度」や「都市再生の特区」などが挙げられる。「パイロット自治体制度」は1992年の閣議決定に基づいて94年から実施されたもので，地方自治体からの提案に基づいて内閣が調整を行い許認可などの国の制度の特例を導入するという当時としては先駆的なものであった。しかしながら対象となるものが「法律の改正を要しない範囲のもの」とされていたことや，提案に先立って「市町村はあらかじめ関係都道府県と協議するもの」とするなど，制度の範囲や手続きが大きく制限されたものであった。「都市再生の特区」とは，2002年6月に施行された都市再生特別措置法に基づく「都市再生緊急整備地域」で適用される「都市再生特別地区」のことをいう。この地域内では既存の都市計画による規制をすべて適用除外とするものであり，構造改革特区制度の先行的な制度と見ることができないこともないが，都市計画法の規制体系に新たな考え方を導入しようとするものとはいえず，その適用範囲は限定的であった。ただ，これらの仕掛けは，手法，適用地域，分野を限定したものではあったが，地域を限定して国の制度の特例を適用する仕組みを法制化する素地を提供する役割を果たしたといえよう。

そこで「構造改革特区」であるが，この制度の仕組みの特徴としては「提案制度」「認定制度」「評価制度」の三つが挙げられる。「提案制度」は地方公共団体のみならず民間団体や個人からの国の規制の改正案を提案することを可能

としたものである。この提案を受けた政府の窓口セクションが，規制制度を所管する省庁と折衝し国の制度改正につなげるものである。「認定制度」は実施可能となった規制の特例を活用して，実施可能となった事業計画を地方公共団体が作成し，内閣総理大臣の認定を受けることで特例を発効させる仕組みである。「評価制度」は特例の適応状況を評価し，弊害の発生が認められなければ地域の限定という縛りを外し「特例の全国展開」を行う仕組みのことをいう。

　この構造改革特区は「どぶろく」の製造免許の要件緩和の特例を認めることによって古くから地元で愛されてきた地域資源の活用を可能とし，その結果として都市との交流の促進につながる事業展開がはかられることとなった「どぶろく特区」，あるいは，株式会社の農業経営参入の特例を活用してオリーブの生産加工を企業自らが行い，地域を活性化した「小豆島・内海町オリーブ振興特区」をはじめとして，これまでに787件の規制改革を実現し，認定された特区計画は1245にのぼっている。また，評価をして全国展開された特例措置の数も78に及ぶ。

　この「構造改革特区」は，規制改革を推進するためにまず地域を限定して規制緩和の「社会的実験」を実施し，その弊害の有無を確認するという制度創設当初の一つ目の役割もそれなりの成果を上げたといえよう。しかし，この成果以上に地域を活性化するという点で果たした役割は大きかったといってよいと思われる。なぜなら，「提案制度」の導入は従来は国の官僚が独占していた国の政策形成に国民がイニシアチブをとれる道を開いたのだが，このことによって地域をつくるための知恵は自ら出すという地域活性化の出発点となる「自考」の基礎がつくられることになった。さらに，特例を活用して地域を活性化するための計画策定という作業は地域が行い，国はこれを認定するだけという仕組みを経ることで「自主」「自立」という地域活性化に欠かすことのできない精神が計画策定に携わる地域の人々に吹き込まれることになったと考えられることから「構造改革特区」制度は，地域活性化の基礎を提供することとなった国の制度であるといえよう。

### 3　地域再生

「地域再生」という言葉は2003年10月に政府内に地域再生本部が設置されたところから社会に普及していった。2005年4月には「地域再生法」（平成17年法律第24号）として法制化されている。この「地域再生」の目指すところは「地方公共団体が行う自主的かつ自立的な取組による地域経済の活性化，地域における雇用機会の創出その他の地域の活力の再生」（地域再生法第1条）とされている。

「地域再生」制度の導入が図られた背景としては，①地域活性化のツールとして「構造改革特区」制度はすでに機能し始めていたものの，この仕組みの対象は規制改革のみで財政措置などのその他の有効な手法は含まれていなかったこと，②先行する「都市再生」制度では都市部偏重の印象をもたれていたこと，などが挙げられる。そのため政府としては過疎地域も含めた地域全体に目を向けた新たな地域活性化策を打ち出すために，「地域再生」という施策群を構築することとしたのである。

「地域再生」制度も地方公共団体が地域における創意工夫を生かしつつ，地域の地理的，自然的特性や文化的資産，さらには地域再生法に基づく支援施策を活用した地域再生計画を作成し，内閣総理大臣の認定を受ける仕組みをとっている。ここで注意しておくべきは「地域再生」制度は自主・自立的に取組みを行う地方公共団体に対して，政府は支援を行うという点にある。すなわち，地域再生計画を作成しない団体には政府は支援しないということを明言しているということを認識することは必要である。

「地域再生法」に基づく支援措置としては，①従来から地方公共団体の要望が強かった複数の省庁にまたがる補助金を一本化した地域再生基盤強化交付金（道路，農道，林道整備補助金を一本化した「道整備交付金」，下水道，集落排水施設，浄化槽整備補助金を一本化した「汚水処理施設整備交付金」，港湾施設，漁港施設整備補助金を一本化した「港整備交付金」），②「特定地域再生事業会社」（地域における雇用機会の創出に寄与すると認められる一定の会社）の発行する株式取得あるいは当該会社への寄付に対する課税の特例，③地域再生支援利子補給制度（一定の場合における利子負担軽減措置），④補助対象施設の転用手続きの一元

化・迅速化（補助対象施設の目的外使用の認容〔従来補助金を受けてつくられた施設は補助目的以外の用途で使用してはならない，その場合は補助金を返還してからでなければならないという大原則の例外措置の許容〕），⑤農地等の転用等の許可の特例（「地域再生法の一部を改正する法律で創設された追加措置」（平成26年12月15日施行））等が挙げられる。

　この地域再生法に基づく地域再生計画は，2005（平成17）年6月の第1回認定から2015（平成27）年6月の第32回認定までで1903件が認定を受けている。この「地域再生」制度においては，地方公共団体からの要望が強かった省庁にまたがる類似の事業の補助金の統合・交付金化や，補助金等にかかる予算の執行の適正化に関する法律（昭和30年法律第179号）の特例など，地方財政制度上の課題の解決に向けた制度改正が図られている。これによって国・地方を通じた予算執行の合理化や公共施設の有効利用がなされる道がひらけたといえる。併せて，地方公共団体にとって今までは不可能と思われていた省庁間の縦割り行政の弊害が，一部ではあるが是正されることもありうるという認識をもつことができたこともこの制度の成果である。このような制度上の評価とあわせて，「地域再生」制度は，地域のことは地域の人たちで協議会をつくるなどして計画をつくり，それに基づいて活動する地域を政府は応援するということを宣言していることに注目するべきである。この「自主・自立・自考」の精神で全国2000近い地域計画がつくられ，活動が始まったということも評価すべき点だといえよう。

### 4　総合特区

　「総合特区」制度は，産業の国際競争力を強化し地域を活性化する先駆的取組みを行う地域に，国と地域の政策資源を集中的に投下してわが国の経済社会の活力の向上，持続的発展を図ることを目的とし，2011年6月に「総合特別区域法」（平成23年法律第81号）として成立し同年8月に施行されている。

　「総合特区」には「国際戦略総合特区」と「地域活性化総合特区」の2種類のパターンが用意されている。国際戦略総合特区は，将来性豊かな産業や外資系企業の集積によってわが国の経済成長のエンジンとなる産業・機能の集積拠

点づくりを目指す特区とされており，地域活性化総合特区は，全国の地域を対象として，地域資源を最大限活用して地域固有の課題に取り組むものや，地場産業の育成などによって地域力の向上を図ることを目的とする特区とされている。

この総合特区は ２ の構造改革特区が個別の規制緩和だけを特例措置の対象としていたのと違って，規制・制度の特例措置に加えて税制，財政，金融等の支援措置を加えて総合的に支援していくとしている。

規制・制度の特例措置としては，国有財産の無償譲渡を可能とする特例をはじめ，総合特別区域法において踏み込んだ特例が定められた。また，政省令で規定されている規制の特例を総合特区法施行規則で対応可能とすることとされ，さらに，地方公共団体の事務に関して政省令で規定する事項のうち一定のものは，地方公共団体の条例で特例を規定できることとされている。なお，これらの特例措置は構造改革特区でとられた全国展開ということは予定されていない。税制上の支援措置としては，国際戦略総合特区では国際競争力強化のための法人税の減税措置が，また，地域活性化総合特区では地域戦略を担う事業者に対する個人出資に対する所得控除措置が設けられている。財政上の支援措置としては，関係府省の予算の重点的活用と総合特区推進調整費によって対応することとし，金融上の支援措置としては0.7％，5年間の利子補給制度が準備された。このような支援措置は地方再生法で用意された仕組みをより地方にとって使いやすくしたものとして評価できよう。

総合特区の申請・指定，総合特区計画の作成・認定等のスキームは構造改革特区と基本的に同じであるが，「国と地方の協議会」を設置して新たな規制・制度の特例措置などを累次追加できる支援体制にしている。また，「地域再生」制度で創設された地方公共団体，民間事業者等が参加する「地域協議会」を組織することができることとし，住民ニーズや民間の知恵を活用する仕組みもとられているが，これも「地域再生法」の仕組みを引き継いだものである。

国際戦略総合特区では第1次指定（2011年12月）で東京都のアジアヘッドクオーター特区，筑波における科学技術の集積を活用してライフイノベーション・グリーンイノベーションの推進を目指すとする，つくば国際戦略総合特区，

愛知県等によるアジア No1 航空宇宙産業クラスター形成特区等，七つの特区が指定された。また，地域活性化総合特区では1次指定から4次指定（2013年9月）までに，畜産バイオマスの高効率エネルギー利用，炭化・灰化利用による循環調和型畜産振興特区（群馬県），尾道地域医療連携推進特区（広島県），西条農業革新都市総合特区（愛媛県西条市），九州アジア観光アイランド総合特区（福岡県等）など41の地区が指定されている。

　総合特区もその仕組みの中で事後評価システムを設けている。有識者で組織される「総合特別区域評価・調査検討会」の評価結果は官邸のホームページで公表されていて閲覧することができる。この仕組みによって個々の総合特区における事業の進捗状況や今後の方向に関してある程度のことは判断できるだろう。ただ，それぞれの地域が計画で目指した国際競争力を取得できるか，あるいは地域の活性化という結果を出せるかはもう少し時間をかけた観察が必要なのかもしれない。

　「総合特区」の仕組みを地域活性化のための「制度・仕組み」として見た場合に気になるのは国の関与のあり方である。確かに，特区申請や特区計画の作成は地方公共団体が行うという仕組みであり，地方主導の形態はとられている。しかし地方公共団体は計画策定に際し，国の定める「国際競争力強化方針あるいは地域活性化方針に即して」策定しなければならないとされている（総合特別区域法第12条第1項，第35条第1項）。本来地域のことを地域に任せるという地域活性化の基本スタンスからは国サイドにシフトした制度設計だといわざるを得ない。また，任意設置である地方の国に対する総合的な支援体制確保のための仕組みとされている「国と地方の協議会」についてであるが，その運営のあり方については，地方が自ら汗をかくことを放棄し，この協議会の機能に寄りかかることによって「自主・自立・自考」の姿勢を弱めてしまう可能性を否定できないところであり，注意が必要ではないだろうか。

　また，別の観点であるが，この総合特区制度は民主党（当時）政権のときに発足した制度であり，その後政権についた自民党は国家戦略特区（後述 5 ），まち・ひと・しごと創生（後述 6 ）という新しい地域活性化施策を展開している。そのこととの関係でこの総合特区が今後どのように推移していくかは明

確ではない。ありていにいえば，政権政党でなくなった政党主導の政策である総合特区制度を，今後も熱心に遂行しようとするパワーは地方自治体においても政府の担当部局からも失せていくというのが現実というべきであろう。残念なことだがこれは政策と政治というテーマから見て仕方ないことといわざるを得ないかもしれない。

### 5 国家戦略特区

「国家戦略特区」とは，経済社会の構造改革を重点的に推進することによって産業の国際競争力を強化し，併せて国際的な経済活動の拠点を形成するために規制改革等の施策を総合的かつ集中的に推進するための地区として国が定めた区域である。この国家戦略特区の構想は日本経済の再生を目指す第二次安倍内閣における産業競争力会議において「アベノミクス戦略特区」構想が提案された（2013年4月）ところから始まる。その後6月に閣議決定された「日本再興戦略」において「国家戦略特区」の創設が決定され関係部門での検討を経て「国家戦略特別区域法」（平成25年12月13日法律第107号）として公布・施行された。

「国家戦略特区」は構造改革特区，地域再生，総合特区というこれまでの地域が主体となって進める活性化策とは大きく異なり，まさに国家がイニシアチブをとって進める社会構造改革の拠点なのである。そのスキームを見ると，「国家戦略特区」といわれる区域の指定は国が政令でなすこととされている。そしてその際には，内閣府に設けられる総理を議長とし関係大臣と有識者からなる国家戦略特別区域諮問会議および関係地方公共団体の意見を聞くこととされている（国家戦略特別区域法第2条第5項）。また，区域計画は国家戦略特区担当大臣，関係地方公共団体の長および内閣総理大臣が選定した民間事業者の三者からなる「国家戦略特別区域会議」（特区ごとに設置されることになっている）が作成し，内閣総理大臣が認定する仕組みになっている（国家戦略特別区域法第8条第1項）。

国家戦略特区において規制改革を集中的に推進するためということで，国家戦略特別区域法において医療，保育，教育，都市計画，観光，農林漁業などの

規制緩和措置が講じられている。また国際競争力の育成という観点から，ベンチャー企業に対する利子補給金制度や特区内の特定事業者に対する課税上の特例が設けられている。この金融や税制上の優遇措置は地域再生や総合特区制度と同様の考えにたつものである。

そして2014（平成26）年3月に1次指定として次の6地域が指定を受けた。①国際ビジネス，イノベーションの拠点としての東京圏，②医療等イノベーション拠点，チャレンジ人財支援の拠点としての関西圏，③大規模農業の改革拠点としての新潟市，④中山間地農業の改革拠点としての養父市，⑤創業のための雇用改革拠点としての福岡市，⑥国際観光拠点としての沖縄県である。

このような動きがなされている一方で地域圏経済の底上げも視界に入れた「地方創生」の機運が盛り上がり，政府に「まち・ひと・しごと創生本部」が設立される（2014年9月）に至った。そして地域社会の創生を目指す手法の一つとして国家戦略特区の枠組みを活用した「地方創生特区」を推進することとなり2015年3月 ①「農林・医療の交流」のための改革拠点としての秋田県仙北市，②「女性活躍・社会起業」のための改革拠点としての宮城県仙台市，③「産業の担い手育成」のための教育・雇用・農業等の総合改革拠点としての愛知県が国家戦略特区の2次指定による指定を受けている。

国家戦略特区に関しては改革のスピード感を上げるべきであり，また失敗を恐れて慎重になりすぎることなく社会改革の実験場という認識をもつべきだ等の指摘がなされている。さらに「地方創生特区」が登場した経緯で述べたように，社会全体の関心と内閣の施策の重点が国家戦略特区の目指す国際競争力や規制緩和ということから地方創生，地域の活性化というところにシフトしているという現実もあって，国家戦略特区に伴う動きが見えにくくなっている。今後どのようになってゆくのか不透明であるが，この制度の運用に当たっては次の点を指摘しておきたい。一つはこの制度が国による地域活性化策であり，これまでの特区とは一線を画すものだということをしっかり認識すべきであるということだ。この特区は国がモデルとして振興しようと考える地域が指定されるのである。これは戦後の拠点開発の手法と同じである。国は関係地方公共団体の意見を聞くとされているものの，地方が主体的な動きをする余地はほぼな

いといってよいだろう。また，計画策定主体が「国家戦略特別区域会議」という責任の所在も不明確な組織にゆだねられていることも問題といわざるを得ない。この計画に基づいてなされることとなる施策の多くは規制緩和という「社会的実験」である。ではその実験によって仮に社会的損失が発生した場合の責任は誰が取ることになるのか。メンバーとして予定されている民間事業者は自らの言動にどのようにして責任をもつのだろうか。また，国と地方公共団体の関係はどのように捉えればよいのだろうか。さらに懸念されるケースを想定すれば，構成員である規制改革大臣と総理の指名する民間事業者は規制改革の推進を主張するであろうが，地元の首長は市民の利益を考えて規制改革に否定的立場を取らなければならない場合が多いのでないか。その場合この三者での議論は結論ありきのものになってしまい真に国民の立場に立って規制の是非を問うという，本来期待される真っ当な議論がなされるかは甚だ疑問だといわざるを得ないというようなことが挙げられる。

　このように国家戦略特区はその基本的成り立ちからしてきわめて中央集権的な性格をもつものである。国家としての政策実現のためには必要な道具といえるかもしれないが，地域の活性化という観点ではきわめてレガシー（旧来型）なモデルだということを認識すべきである。

## 6　まち・ひと・しごと創生

　「まち・ひと・しごと創生」いわゆる「地方創生」が政策テーマとして俎上に上がるきっかけは，民間の有識者組織である「日本創成会議」の人口減少問題検討分化会が2014年5月に出した「ストップ少子化地域元気戦略」で，30年後には現在の都市の約半分に当たる896の自治体が「消滅可能」だと指摘したことに始まるといってよいだろう。この提言も踏まえて政府として人口減少対策と地域活性化を図って，将来にわたっての日本社会の維持を目指す政策が動き始めたのである。まず2014年6月の「財政運営と改革の基本方針2014」で50年後のわが国人口を1億人程度に維持することが目標として示された。9月には地方創生担当大臣が新設され「まち・ひと・しごと創生本部」が設置された。そして11月に人口減少の中でわが国社会を維持していくために歩むべき方策を

定めた「まち・ひと・しごと創生法」(平成26年11月28日法律第136号)が成立した。これを受けて12月27日に地方創生の「長期ビジョン」と「総合戦略」が決定された。

　この「地方創生」の特徴は，まず国が長期ビジョンと総合戦略を策定することにある。国の「長期ビジョン」においては2060年に1億人程度の人口を確保する中長期展望を提示し，「総合戦略」においては2015～2019年度(5か年)の政策目標・施策を策定している。都道府県および市町村はこの「総合戦略」を「勘案して」，都道府県版また市町村版の地方創生「総合戦略」を「定めるよう努めなくてはならない」とされている(まち・ひと・しごと創生法第9条第1項，第10条第1項)。つまり，人口減少に伴ってわが国社会は存亡の危機に直面する。これを乗りきるため国が旗を振り，地方はそれについてくるという方式で地域活性化を図っていくという構図になっている。確かに，国の総合戦略を見ると基本目標として「しごと」と「ひと」の好循環づくりとして，地方における安定した雇用の創出，地方への新しい人の流れづくり，若い世代の結婚・出産・子育ての希望を叶えるという項目や，まちの活性化のための時代に合った地域づくり，安心な暮らしを守ることや地域と地域の連携を図ることなど様々な施策を提示している。さらに，地方公共団体版の総合戦略策定のために次のような支援策もきめ細かに準備されている。まず①情報支援として「地域経済分析システム(RESAS)」という各地域の産業・人口・社会インフラ等の必要な分析ツール。②財政支援としては新型交付金の創設と拡大，企業の地方拠点強化に対する税制優遇措置や地方創生の取組みに対する地方財政上の措置。さらに③人的支援として小規模市町村に国家公務員等を首長の補佐役として派遣する「地方創生人材支援制度」や，その地域に愛着・関心をもつ国家公務員を相談の窓口として選任する「地方創生コンシェルジュ制度」も用意されている。

　このようなスキームのもとで地方公共団体は地方版の「長期ビジョン」と「総合戦略」を策定している。確かに豊富なメニューに加えて国の戦略まで提示され，それを「勘案して」作成しなさいというのだから，それなりのものは全国で作成されるだろう。ただそれが本当に実のあるもので地域活性化につな

がる地域の人々のうねりをつくり出すかというと,いささか疑問だといわざるを得ない。なぜなら,この地方創生のスキームは自分たちの地域を自分たちの知恵と力でなんとかしようという「自主・自立・自考」の精神に基づくものとはいえなさそうであるからである。その意味で「自考」のネタを提供する情報分析システムは評価できる。一方,新型交付金については交付金目当ての事業は交付金の額が削減されるのに比例して,熱は冷めていくということを忘れてはならない。「まち・ひと・しごと創生」は50年先,100年先を見据えた息の長い事業である。このことを肝にすえて,金の切れ目が縁の切れ目ということにならないように,財政運営されることを願わずにはいられない。また,人材支援に関してであるが,「地方創生コンシェルジュ制度」は市町村にとって敷居の高い中央省庁の垣根を低くしてくれるであろうことを考えると,この制度の有効な活用が図られることを期待したい。また,補佐役を出す「人材支援制度」も市町村長には好評だとも聞く。しかし,それは地方の人財育成の機会を奪っているということも念頭に置かなければならない。「地域づくり」は「ひとづくり」である。そして地域づくりには長い年月がかかるものだ。その観点から考えて長い年月をその地域で生活し,地域の活性化に意欲を燃やし続ける人財を育てていかなければならない。地域づくりには「ばかもの」「わかもの」「よそもの」の組み合わせが必要だといわれている。この「人材派遣制度」で地方に赴く若き国家公務員の皆さんが,よい意味での「よそもの」としてその地域のよさを引き出し「ばかもの」「若者」育成にも尽力してくれることを願わずにいられない。

## 7　地域政策への視点

　地域活性化に関わる国の仕組みを「構造改革特区」制度からはじめて,「地方再生」「総合特区」「国家戦略特区」そして「まち・ひと・しごと創生」と概観した。またその中で少しだけだが「都市再生」にも言及した。地域活性化を目指す国の仕組みとしては,このほかにも「中心市街地活性化」「環境未来都市」「環境モデル都市」「世界遺産登録」等の仕組みが用意されている。本章を閉じるに当たって,地域活性化の本質について述べた上で,国による地域活性

化の制度立案に当たってのあるべき姿を提案したい。

　地域の活性化はそこに住む人々の生活実感に基づいて方針が決められるべきものだ。東京や地域から離れた県庁にいる生活実感の伴わない人たちの判断や一存にゆだねられるべきものではない。とはいえ，自らの判断を優先させるということは，そこに責任が伴う。さらに，自分たちの夢を実現するために必要な経費も自分たちの手で確保するという気構えも必要である。財源に関しては，力の弱い団体や初期投資に大きな財源を必要とする事業など形態によって国との連携を考えなければ可能性が広がらない場合が多いことはやむを得ない。ただ，何かしようとするときにすぐに国頼みになる姿勢ではよい事業展開がなされるとは思えない。

　これらのことが「自主・自立・自考」という言葉に端的に表されていると思っている。自らの知恵で地域社会を考え，自分たちの力で立ち上がり，成果に関する責任も自分たちでとるというこの言葉は，これからの地域社会運営の根本理念とすべきものである。

　そして，地域活性化に関する国の制度立案に当たっては，この基本理念を損なうことがあってはならないことはいうまでもなく，この基本理念を日本中に広めてゆく機能を制度に内蔵するよう配意しながら設計されるべきである。

　この観点からいうと，繰り返しになるが，本章で取り上げた「国家戦略特区」「まち・ひと・しごと創生」は地方の自主性というよりも国家主導型の制度設計となっている。これらの仕組みが国家目的達成のための道具立てだとすれば，それはそれで別の評価がされることもあろう。ただ，地域の活性化という観点から見ると，真に地域の活力を生み出していくことにつながるとは思えない。これらの仕組みがどのように運営され，その成果がどのように生み出されていくのか，総合特区などのこの二つ以外の制度による仕組みの効果も含めて見届けていくことが求められているのだろう。

注
(1)　「消滅可能性都市」の定義は2040年時点で20〜39歳の女性人口が半減すると予測される自治体をさす。

(2) 一般に用いられる「買物難民」という表現は差別的意味合いを有するため，弱者および困難者という表現が公的には用いられる。また英国の地理学的研究の流れを汲む研究から「フードデザート」や「食料品アクセス困難」などの表現もある。これらは健康被害や人種問題などを含んだ，社会問題の色彩が強く生活経済学の視点とは異なる。
(3) インターネットの普及により生活者の購買行動も AIDMA の法則で表記される行動様式から AISERS へと変貌し，検索（S）・調査（E）と購入後のシェア・共有（S）が加わり自己完結型から他者との連携型の消費行動に変容してきている。

**参考文献**

『朝日新聞』2009年11月5日付。
東幸一，2009,「地域活性化の取り組み――大阪府富田林市」『圃場と土壌』第41巻第6号。
姉歯暁，2005,「地域再生の基礎としてのモビリティーの有効性――コミュニティーバス導入にみる多様な可能性」『生活経済学研究』第21巻。
石原武政，2013,「小売業の社会貢献とは何か」『流通情報』第504号。
伊藤宏一，2016,「シェアリングエコノミーと家計管理」『生活経済学研究』第44巻。
岩間信之，2013,『改訂新版 フードデザート問題 無縁社会が生む「食の砂漠」』農林統計協会。
大藪千穂，2009,「地域経済と生活者の安心――持続可能な社会のための生活指標」『生活経済学研究』第30巻。
折笠俊輔，2015a,「買い物困難対策のポイントと進め方」『平成27年度農林水産省食料品アクセス改善対策事業実施報告書』。
折笠俊輔，2015b,「食料品アクセス問題（買物困難者問題）に地域全体で取り組むために」『明日の食品産業』11月号。
釜江廣志・竹内信二・北崎浩嗣・佐藤宣之・永瀬昌彦・藤田健，2014,「地域振興と地場産業」『生活経済学研究』第40巻。
木村めぐみ，2010,「地域を活性するということ」『地域活性研究』第1巻第1号。
工藤憲一・木村淳・野崎洋之・植田一全，2011,「買い物弱者を応援するサービス事例から得られる継続可能な協働への示唆」『流通情報』第493号。
経済産業省商務情報政策局，2016,「平成27年度 我が国経済社会の情報化・サービス化に係る基盤整備（電子商取引に関する市場調査）」。
経済産業省産業政策局，2016,「第4次産業革命への対応の方向性（産業構造審議会資料）」http://www.meti.go.jp/committee/sankoushin/shin_sangyoukouzou/005_haifu.html 2016年7月9日閲覧。
経済産業省商務情報政策局，2015,「買物弱者・フードデザート問題等の現状及び今後の対策のあり方に関する調査報告書」。
斎藤忠志，2013,「オムニチャネルの時代の到来」『流通情報』第505号。

参議院調査情報担当室，2015，「人口減少による消滅可能性都市の衝撃」『経済のプリズム』No. 140. http://www.sangiin.go.jp/japanese/annai/chousa/keizai_prism/backnumber/h27pdf/201514002.pdf　2016年7月9日閲覧。

芝香，2015，「シェアビジネス研究の展開」『経営学論集』第86集。

新川達郎，2002，「地域活性化政策に関する市町村計画行政の課題と展望——東北地方の現状から」『同志社政策科学研究』第3巻第1号。

総務省，2015，『情報通信白書　平成27年度版』。

高瀬武典・伊東理，2007，「社会変動と関西活性化 Ⅵ地域活性化の共通課題——英国小売商業地区活性化政策を事例として」『関西大学研究双書』第144冊。

高瀬武典・萩尾千里，2007，「関西活性化と組織の自律性」関西活性化研究班編『社会変動と関西活性化』関西大学・経済政治研究所。

豊田市低炭素社会システム実証推進協議会，2014，『Smart Merit』http://www.teitanso-toyota-city.com　2016年7月9日閲覧。

中村博之，2012，「オムニチャネル・コマース——すべてのチャネルを考慮した顧客接点の再構築」http://www.nri.com>pdf>forum183_4　2016年7月9日閲覧。

西村清彦，2007，『地域再生システム論』東京大学出版会。

『日経MJ（流通新聞）』2015年1月30日付。

『日経MJ（流通新聞）』2014年10月21日付。

『日経MJ（流通新聞）』2015年11月11日付。

日本食農連携機構，2012，「農山漁村の買物支援マニュアル——地域の買物支援対策モデル」http://kaimono-shien.com　2016年7月9日閲覧。

日本創成会議・人口減少問題検討分科会，2014，「ストップ少子化・地方元気戦略」http://www.policycouncil.jp>prop03>prop03　2016年7月9日閲覧。

橋本行史，2015，『地方創生の理論と実践』創成社。

服部敦，2014，「国家戦略特区の政策過程に見る制度の特徴と課題」『農業と経済』2014年4月臨時増刊号。

増田悦夫，2014，「小売業におけるチャネル連携（オムニチャネル）への動きと今後の課題」『流通経済大学流通情報学部紀要』第18巻第2号。

増田寛也，2015，『地方消滅』中公新書。

御園慎一郎，2006，「構造改革特区と地域再生」『地域政策研究』（財団法人地方自治研究機構）第34号。

御園慎一郎他，2008，『特区・地域再生のつくり方』ぎょうせい。

村瀬博昭・前野隆司・林美香子，2010，「CSA（Community Supported Agriculture）による地域活性化に関する研究——メノビレッジ長沼のCSAの取組を事例として」『地域活性研究』第1巻第1号。

藻谷浩介，2013，『里山資本主義』角川書店。

矢吹雄平，2006，「『生活者』と地域運営——"マーケティング・ネットワーク"概念の可能性」『生活経済学研究』第24巻。

山下裕子，2014，「オムニチャネルの逆説」『流通情報』第507号。

Google/Shopper Sciences, 2011, "Zero Moment of Macro Study" http://www.google.com/think/insights　2016年7月9日閲覧。

Hardin, Garrett, 1968, "The Tragity of Commons," *Science*, No. 162.

MRI (Mobile Retail Initiative), 2011, "A Comprehensive Guide for Navigating the Mobile Retailing Blueprint Ver.2.0.0," A joint White Paper sponsored by the National Retail Federation.

Ostrom, Elinor, 1990, *Governing the Commons*, New York, Cambridge University Press.

Pricewaterhouse Coopers Co., Ltd. (PwC), 2014, "The sharing economy — sizing the revenue opportunity" http://www.pwc.co.uk/issues/megatrends/collisions/sharingeconomy/the-sharing-economy-sizing-the-revenue-opportunity.html　2016年10月9日閲覧。

$$\left(\begin{array}{l}\text{伊藤　一：第1節，第2節}\\\text{御園慎一郎：第3節，第4節}\end{array}\right)$$

# 第6章
# 地域社会と生活経営

　生活の社会化が加速する現代において，生活課題を解決するには，自分の暮らしをつくりかえながら社会をもつくりかえていく力が必要とされます。シティズンシップ，ワークライフバランス，持続可能性などのキーワードを通し，生活経営の主体としての個人・家族が，地域，社会において他者とともに生きることの意味を考えます。また，生活の内部的条件と外部的条件の双方を視野に入れ，個人・家族の自立・自律を支える地域社会の仕組みを検討します。

## 第1節　シティズンシップの視点から見た地域における生活経営

### 1　シティズンシップとは何か

　生活経営の主体である個人・家族が，地域，社会の一員として他者とともに生き合うとき，シティズンシップという視点が重要となる。

　シティズンシップの先駆的研究で知られるイギリスの社会学者マーシャル（Marshall, T.H.）は，「シティズンシップとは，ある共同社会の完全な成員である人びとに与えられた地位身分である。この地位身分を持っている全ての人びとは，その地位身分に付与された権利と義務において平等である。」と述べている（Marshall & Bottomore, 1992, p.18／岩崎・中村訳，1993，37頁）。また，シティズンシップは，人々の間の社会的な関係や，人々と複雑な社会の制度との関係に根本的に関わるものである（Twine, 1994, p.8）。

　わが国ではシティズンシップ（citizenship）が，市民権，市民性などと訳されているが，前者は「政治的共同体の成員としての市民が平等に享受すべき諸権利という側面」，後者は「権利主体である市民に対して一定の義務の履行や公的な市民社会への貢献を要請する側面」を捉えたものである（シティズンシ

ップ研究会,2006, i 頁)。つまり,シティズンシップとは,国家や地域などの政治的共同体の一員としてのメンバーシップであり,行使できる権利や果たすべき義務ならびに共同体への貢献を意味するものである。

一方,グローバル化や多文化化が進行する現在では,シティズンシップについて,新たな捉え直しが必要になったといわれている。グローバル社会・多文化共生社会では,人材や資源,資金が国境を越えて地球規模で移動するため,シティズンシップの拠り所となる「政治共同体」も,固定的で単一な国家や地域を超える存在となっている。そこで,ひとりの市民は,複数の政治共同体に所属・帰属しながら,「複合的アイデンティティ」(高祖,2014, 187頁)をもって生きる時代になったといえる。すなわち,生活者としての個人・家族は,生まれ育った地域社会や国家を起点としながら,ライフステージに応じて様々なコミュニティと関係し,それぞれにおけるメンバーシップとしてのシティズンシップを育み,それに依拠しながら,生涯を過ごすのである。

### 2 シティズンシップと地域社会

グローバル化により,シティズンシップが複合的なものとなっているとはいえ,多くの人々にとって,シティズンシップが第一義的に形成されるのは,地域社会である。シティズンシップと地域社会の関係については,しばしば,「シティズンシップ教育」と関連して説明されている。

かねてより学校と地域が連携したボランティア活動が盛んであった英国では,2002年から"Citizenship"が中学校の必修科目として実施されるようになったことが知られている。ここで導入されたシティズンシップ教育のねらいの中に,「責任ある社会的行動(社会的責任)」「民主社会の知識・技能の習得・活用(政治的理解力)」と並んで「地域社会への参加」が取り上げられ,「隣人の生活や地域社会に対して関心をはらい,社会に貢献すること」を目指すことが示されている(長沼,2003, 45頁)。さらに遡って「学校における,シティズンシップと民主主義教育のための教育:シティズンシップについての諮問委員会最終答申(Education for citizenship and the teaching of democracy in schools)」に掲げられたシティズンシップ教育の三つのキーワードにおいても,「社会的・倫理的

責任」「ポリティカル・リテラシー」とならんで、「コミュニティ（地域社会）への関わり」の育成が掲げられており、「地域社会への参加と奉仕」など「地域社会での生活とそれらへの有益な関わり」について学ぶことが明示されている（QCA, 1998）。

　わが国においても，2006年3月に経済産業省が「シティズンシップ教育と経済社会での人々の活躍についての研究会報告書」をまとめ，同年5月には「シティズンシップ教育宣言」が発表された。「報告書」の中では，「社会人になる以前から，学校や地域など，身近な社会での意思決定や実践の場にかかわる機会を増やしていくことが非常に重要」（経済産業省，2006，29-30頁）とされ，現在も，様々な地域に根差したシティズンシップ教育が展開されている。身近な地域社会に参画し，社会的な意思決定に関わりながら，よりよいコミュニティづくりに主体的に関わることが，地域の一員としての個人・家族の使命の一つといえる。

### 3  消費者市民社会（コンシューマー・シティズンシップ）の形成

　わが国のシティズンシップ教育に対し，新たな局面を切り拓いたのが，消費者教育の観点から登場した「消費者市民社会（コンシューマー・シティズンシップ）」の概念である。この概念は欧州より導入され，コンシューマ・シティズンシップ・ネットワーク（CCN）のガイドラインでは，「倫理的，社会的，経済的かつエコロジカルに熟慮し，意思決定を行う個人」を「消費者市民」とし（CCN, 2005, p.7），そのような消費者市民がつくる公正で持続可能な社会を「消費者市民社会」と位置づけている。消費者教育では，元来，買い手に求められる能力・資質としてのバイマンシップのみならず，経済的投票権の行使などを通して，地球市民として適切な消費行動を選択することができるシティズンシップをも育成することが意図されてきたが（日本消費者教育学会，2016，4頁），わが国では，2012年に施行された「消費者教育の推進に関する法律（消費者教育推進法）」を契機に，消費者教育のシティズンシップ教育としての側面が一層明確に示された。

　消費者教育推進法（第2条）において，消費者教育とは「消費者の自立を支

援するために行われる消費生活に関する教育」であるとともに、「消費者が主体的に消費者市民社会の形成に参画することの重要性について理解及び関心を深めるための教育」であると定義された。さらに、ここでいう「消費者市民社会」とは、「消費者が、個々の消費者の特性及び消費生活の多様性を相互に尊重しつつ、自らの消費生活に関する行動が現在及び将来の世代にわたって内外の社会経済情勢及び地球環境に影響を及ぼし得るものであることを自覚して、公正かつ持続可能な社会の形成に積極的に参画する社会」と説明された。

　これを受け、現在、学校教育や社会教育等を中心に、消費者市民社会の構築に向け、コンシューマー・シティズンシップを携えた消費者を育成する取組みが推進されている。その多くは地域社会との連携によるものであり、自らが所属するコミュニティの課題をきっかけに、地球環境問題や、世界の平和、平等などにも目を向け、持続可能な社会の形成のために主体的に行動できるシティズンシップを育成することが、時代の要請となっている。

### 4　地域における消費者市民の役割

　地域において、コンシューマー・シティズンシップを有する消費者市民に期待される役割とは、環境や人や社会にやさしいライフスタイルを実践し、持続可能な地域社会を形成するために積極的に声をあげ、連携することにある。すなわち、消費者市民は、「経済的市民」「倫理的市民」「政治的市民」として（公益財団法人消費者教育支援センター、2013、2頁）、地域に参画し、貢献する。

　「経済的市民」としての消費者は、自己がもつ経済的投票権を行使し、買い物を通して地域に貢献することができる。例えば、地産地消の商品を購入することにより、地元の生産者を応援しながら個人・家族の安心・安全な消費生活を手に入れたり、地域の授産施設で生産された商品を適切に購入し、日々の生活を豊かにすることなどが挙げられる。

　「倫理的市民」としての消費者は、消費生活を通して、環境問題や人権問題等の改善に寄与する。例えば、省エネルギーに配慮した生活や、廃棄物や排気ガスを最小限にしようとする消費行動により、地域の、ひいては国の、世界の環境保全に貢献することができる。また、上記の授産施設で生産された商品の

購入などは,「経済的市民」としての行動であると同時に,「倫理的市民」としての行動であるともいえる。

「政治的市民」としての消費者は,「意見の表明」と「協働」の二つの側面から,地域生活の向上に寄与することができる。例えば,消費者行政に対するパブリックコメントに意見を提出したり,消費者問題に接した場合,直ちに地域の消費生活センターに相談することなどである。また,安全で豊かな消費生活環境を創り出すために,地域の人々と連携し団体活動を展開したり,高齢者等の見守り活動を行うことなども重要な役割である。

## 5　シティズンシップを視点とした個人・家族・コミュニティと生活経営の課題

消費者市民社会を目指す「経済的市民」「倫理的市民」「政治的市民」としての行動は,生活経営の主体としての個人・家族が地域・コミュニティや社会の一員として実践する行為や態度の一部であるといえる。生活経営においては,生活主体が保有する生活資源を効果的・効率的に活用し,生活目標の達成を図る。生活資源には,人的資源（知識,技術,個性,能力,興味・関心,意欲・態度,人間関係等）と非人的資源（金銭,財貨,時間,空間,エネルギー等）があるが,生活組織としてのコミュニティやそこに宿るシティズンシップは,人的資源の一つと考えられる。個人・家族は,シティズンシップを根拠として,コミュニティにおける権利を主張し,個人・家族の生活に対する支援を得て,自立や自律を目指す。また,一方で,コミュニティのメンバーとして果たすべき責任や期待される役割を遂行するが,そのことにより,より豊かなコミュニティが形成され,個人・家族がその恩恵に与ったり,義務や役割の遂行自体が誇りや生きがいにつながることもある。生活主体としての個人・家族は,このようにして,シティズンシップを契機に地域を中心とした周囲の社会とつながり,生活の自立・自律を図り,生活目標の達成を目指す（図6-1参照）。

このような中で,シティズンシップを視点とした生活経営の課題として,生活主体が社会との接点を失う社会的孤立や社会的排除の問題への対応を挙げることができる。例えば,自立・自律が困難な若者が増えている状況に対し「『若者の社会参加』とは,実はシティズンシップの問題である」ことが指摘さ

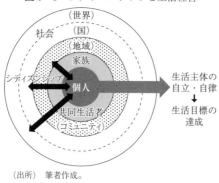

図6-1 シティズンシップと生活経営

（出所）筆者作成。

れ（宮本, 2003, 69頁），雇用，教育・訓練，社会保障などの自立・自律を支援する社会制度のあり方と，そこに若者がコミットメントできるようにするためのシティズンシップ教育について検討することなどが，生活経営に関する課題の一つに掲げられてきた。また，若者のみならず，単身高齢者や母子世帯，世代を超えて再生産される子どもたちの貧困問題なども，深刻な状況にある。このような社会的排除の問題は，所得と生活設計に関わる問題であるが，他方で，生活の基盤となる地域コミュニティやネットワークの問題でもあり，社会的包摂へのアプローチの中で，シティズンシップの回復が求められる。

今後は，さらに生活のグローバル化が進み，多文化共生社会が進展していく。個人・家族が内外の多様なコミュニティや組織・制度に関与しながらよりよい生活を実現できるよう，生活主体に力を与え，社会的環境を整備することが，生活経営の課題といえよう。

## 第2節 「ワークライフバランス」と地域における生活の協同

### 1 生活の社会化と地域

生活の社会化は加速を強め，従来家庭内で私的に無報酬で行われていた家事・育児・介護・看護などは，産業労働や公務労働をはじめ，互助・共助労働も含めた家庭外の労働およびその成果物にとってかわられる傾向が進んでいる。生活の社会化とは，「人間活動力の再生産という家庭生活の基本的機能の一部

が，人間活動力再生産費という形態でも，再生産に必要な生活手段（財・サービス）という形態でも，私的・個別的家庭内から，社会的なものに置き換えられること」（伊藤，2009，3頁）をさす。生活経営学において，1970年代から宮崎（1978）は，家庭管理の問題領域を，「内堀り」領域と「外堀り」領域の二重の領域として捉え，「内堀り」領域から社会へ組み込まれたそれを，家庭管理の問題領域として新たに「外堀り」領域に取り込み位置づけることの必要性を提起していた。第4章で示されたように，多様な社会福祉サービスとの関わりで社会的排除と包摂が問題にされるとき，インクルージョンには，協同組合，NPO，社会的企業等による生活の社会化も不可欠である。自分をとりまく福祉資源や福祉環境を生活の資源として取り込み活用するだけでなく，資源の提供の担い手として，地域における多様な活動に参加し，「人や地域との関係性を豊かにしながら欲しい財やサービスをつくりだし，その団体がまた協働することを通じて社会の価値や生活資源の供給の仕組みを変えていくという，参加と協働の生活経営」（堀越，2010，84頁）が求められている。

　一方，日々の暮らしの最小単位として捉えられてきた世帯構造は大きく変化し，家族形態別で見ると「単独世帯」（32.6%），「夫婦と子どもの世帯」（28.1%），「夫婦のみの世帯」（20.1%）の順に，世帯人数別で見ても「1人」が最も多く，次いで「2人」「3人」「4人」と，人数が増えるほど世帯数は少なくなっている。[1]個人の自立性のみを問うのではなく，個人の自立・自律を支える地域社会における生活の協同や支援を前提とした生活経営のあり方と，それを志向するシティズンシップ（第1節）をそなえた生活経営の主体形成が問われることになる。

## ２　生活時間でみるワークライフバランスの現状

　人間の行動には何らかの時間が伴う。前項で示した生活経営のあり方を可能にするには，家庭や地域における時間が必要である。人間の生活行動は，大きく分けると，「生理的生活時間（睡眠，食事，身の回りの用事等）」「収入労働時間（勤務＋通勤時間）」「家事労働時間（家事，育児，買物，介護・看護等）」「社会的・文化的生活時間（学習，趣味娯楽，テレビ，スポーツ，ボランティア等）」

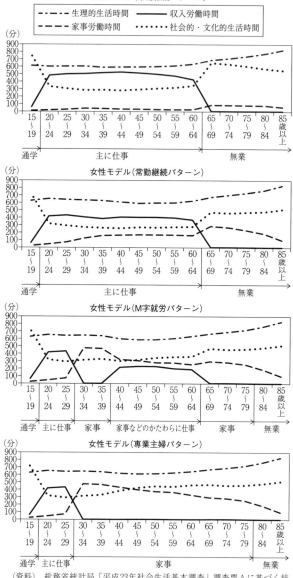

図6-2 モデル別に見た生活時間の生涯配分

(資料) 総務省統計局「平成23年社会生活基本調査」調査票Aに基づく結果第1表より作成。
(出所) 天野・伊藤 (1988);天野 (1991, 1994) を基に,就業条件等を一部変更し,データを更新した。

に分類することができる。**図6-2**は,「社会生活基本調査」をもとに,生涯における生活時間配分をモデル別に示したものである。男性モデルは,就職して定年まで働くパターン,女性モデルは常勤継続パターン,M字型就労パターン,専業主婦パターンを設定した。男性モデルでは,「主に仕事」をしている20歳から65歳までの期間を通じて,収入労働時間,家事労働時間,社会的・文化的生活時間はそれぞれほとんど変化なく,横ばいが続いている。これに比べ,常勤継続の女性モデルでは,「主に仕事」をしている期間の中でも,結婚して長子が生まれる頃から収入労働時間が減少し,家事労働時間が増加している。社会的・文化的生活時間も減少傾向が見られる。M字型就労パターンの女性モデルでは,子育てが一段落してパートに出始めると,家事労働時間のカーブが急減し,パート期の終了と同時に再び上昇する。専業主婦パターンの女性モデルでは,仕事をやめると同時に家事労働時間のカーブが急増し,子育て期をピークになだらかに下降していく。女性の場合は,常勤継続モデルであっても,男性モデルに比べて収入労働時間が短く,育児などを含む家事労働への責任が大きい。男性の場合は,子どもが生まれ成長したりなど,家庭生活の起伏とはほとんど無関係に,生活時間が配分されている。また,男性では,定年退職と同時に11時間近い膨大な社会的・文化的生活時間が出現する。65～69歳の男女(無業,週全体1日平均)を比べると,社会的・文化的生活時間は男性651分,女性472分で,このうちテレビ・ラジオ・新聞・雑誌が男性319分,女性223分,休養・くつろぎが男性100分,女性79分である。筆者は長年にわたり生活時間調査データを用いて生涯モデルの生活時間配分図を作成してきたが(天野・伊藤,1988;天野,1991,1994等),本項で指摘したモデル図全体の特徴にはほとんど変化が見られず,いわゆる「ワークライフバランス」がとれていない状況が今日まで続いているといえよう。

### 3 「ワークライフバランス」の「ワーク」を問い直す

「ワークライフバランス」という用語は一般的な概念として定着し,「ワークライフバランス憲章」のように政策においても使用されている。本来ワークには,報酬が支払われるペイドワークと,家事労働やボランティア活動など報酬

が支払われないアンペイドワークがあるが,「ワークライフバランス」という呼称において,「ワーク」はペイドワークをさしていると考えられる。このことは,アンペイドワークがワークとして評価されてこなかった側面を示唆しているともいえよう。

　生活経営学の視点で見ると,生活は仕事以外の時間をさすのではなく,個人のライフ（生活）の中に,職場での時間（ペイドワークが含まれる）,家庭での時間（アンペイドワークが含まれる）,地域と関わる時間等（アンペイドワークが含まれる）が配分され,そのバランスを追及することになる（天野,2010）。斎藤悦子は,「自立とは,個人がペイドワークとアンペイドワークの二つのワークにかかわって労働能力を発達させ,生理的生活時間や社会的文化的時間が満たされ,「ライフ」が充実した状態である」と述べている（斎藤,2015,205頁）。生活（ライフ）の中で,それぞれの時間配分のバランスを問うことは,「ワークライフバランス」が目指すところと結果的に共通するため,本章では一般的な概念として通用している「ワークライフバランス」という用語を暫定的に用いることとした。

　なお,国連をはじめとする国際機関の貧困撲滅への新たな挑戦として「時間貧困」が取り上げられるようになった。中山節子は,「労働などで個々人が極端に時間的負担を強いられている状態で,労働により消費したエネルギーを回復したり,生理的な時間など生命や健康にかかわる必要かつ最低限の時間の確保ができず,かつ金銭などにより代替しその時間を生み出すことで不可能な状態」と定義する（中山,2014,160-161頁）。大竹美登利は,「カローシ（過労死）」が国際用語化した日本の時間貧困の実態を示すとともに,「見えない貢献」としてのアンペイドワークから引き起こされる女性の「時間貧困」を指摘している（大竹,2016）。

### 4　ワークライフバランスと地域社会

　アマルティア・センが開発した「ケーパビリティ・アプローチ」[(2)]（セン／鈴村訳,1988）の生活経営学における可能性を追求する中で,石田好江は,コーリン・ウィリアムズらが行った生活の必要を満たすための44の家庭内労働の実

施状況から，世帯がケイパビリティを獲得できているかどうかを評価した試み（Williams & Windebank, 2003）に注目する（石田，2014）。特に，彼らが，イギリスの複数稼ぎ手世帯（ワーキング・プア世帯）においては，時間不足と疲弊が，その世帯が生活を律し，改善するための条件や意欲を奪い，さらには生活のサポートを得るための社会的ネットワークを奪っていることを明らかにした点を評価している。地域・職域などのメゾレベルのサポートへの注目（石田，2008）である。

また，生活の社会化は，育児や介護の社会化に見られるように，社会化された施設やサービス等の利用に関する地域の情報収集，選択，評価・判断，問題解決等の「新家事労働」といわれるアンペイドワークが残存もしくは発生し，それは「生活福祉経営能力」と呼ばれる複雑で高度な能力が要求される（伊藤，2015）。

生活保障を支えるサービスの多様な供給主体（福祉ミックス）が相互に関係しながら，地域を基盤にした新たな相互共同的な生活システムを形成していく中で，資源を活用する場合も，資源を提供する場合にも，いわゆる「ワークライフバランス」がとれた状態で，家庭や地域における「時間」が不可欠といえよう。

## 第3節　食と農をつなぐ女性農業者

### 1　サブシステンスを基軸とする社会へ

①五つのリカレント社会

食べるという行為は衣食住生活で特に生命（いのち）の維持と再生産に不可欠な要素であり，日常の楽しみである。農業は自然環境に働きかけ生活（くらし）の糧を生み出す仕事である。貨幣化が進展する以前の暮らしでは地域（ローカル）に根づいた食と農は一体となり人間生活の自立と自存の基盤"サブシステンス"が存在した。

大量生産・大量消費の消費社会が浸透した高度経済成長期には，生産（農）と消費（食）は分断され，あわせて貨幣により経済価値を評価するペイドワー

表6-1　天野正子の五つのリカレント（循環）型社会像

|  | ライフサイクルリカレント型 | 食が結ぶ都市と農業との共生型 | 環境循環型 | 福祉循環型 | 男女共同参画型 |
|---|---|---|---|---|---|
| 背景 | 生涯時間の延長 | 地域性（ローカル性）の破壊 | 資源の有限性 | 低出生率 | 女性の権利と参画 |
| 循環性のコンセプト | 「労働―教育―家庭―社会活動」 | 「台所―土壌―安全な食―台所」 | 「自然―人間」 | 世代間 | 「ペイド―アンペイドワーク」間 |
| 規範or倫理 | 選択の自己決定 | 連携、安全性 | 環境倫理 | 世代間公正 | パートナーシップ |
| 価値：方向性： | 経済の量的拡大を基本的価値ないし目標としない社会 経済の「成長」から「サブシステンス」を基軸とする社会へ | | | | |

（出所）「特別公開研究会2012年11月7日　天野正子「生活者」概念の系譜〜戦時体制期から21世紀〜」『科学研究費　生活文化ESC（生活文化の世代間伝承による持続可能な消費）研究（代表上村協子），平成24年度報告書』89頁。

クは男性，暮らしという私的領域でのアンペイドワークは女性が担い手という構造が確立しサブシステンスは劣化した。

　21世紀に入り，経済の量的拡大から転換し，生活の質を重視し持続可能な定常型社会を求める声があがってきた（広井，2001，1-2頁）。持続可能な生活社会を求めローカルなサブシステンスの再興，あるいは新たなサブシステンス創造の可能性がある。天野正子は生活者概念の系譜をもとに，サブシステンスを基軸とする五つのリカレント社会を整理した。リカレント（recurrent）は，回帰性の，循環性の，連続化するという意味をもち，天野は①ライフサイクルリカレント型　②食が結ぶ都市と農業の共生型　③環境循環型　④福祉循環型　⑤男女共同参画型などを提示した（**表6-1**）。

　②食と農をつなぐ／食と農でつなぐ　福島から

　女性農業者のリカレントな生活実践を福島に例を見よう。

　福島県阿武隈地区は，特産品加工や農産物特売所，都市農村交流事業等のコミュニティ・ビジネスを軸とした"あぶくまらしさ"を活かした地域活性化策を2004年から積極的に展開してきた。2005年から国道399号線沿いの5市町村の直売所が参加した「産直ルートいなかみち」（い＝いいたて，な＝なみえ，か＝かつらお，み＝みやこじ，ち＝かわうち）が動きだし，その中心的担い手は比較的年配の女性農業者「かーちゃん」たちであった。だが2011年3月11日東日本大震災にさらに原発事故が続いた。

岩崎（2014）には，阿武隈地区の女性農業者がそれぞれの場所で何を考えどのように行動したのか，福島第一原発事故の避難指示区域における「かーちゃんの力・プロジェクト」などが記録されている。避難所で暮らす福島の女性農業者が「こころざし」と「ビジネス」のバランスに悩みながら，自前の「価値観のものさしづくり」をして持続可能なくらしを再生していく。「食と農」をつなぐ女性農業者の日常は生活者視点の持続可能な社会と生活実践の継続・リカレント型生活社会を築いていく。

### 2　女性農業者の地位と家計管理，資産形成

①個人名義の収入確保から資産形成

　女性農業者とは職業として農業を選択した女性である。日本の農家の嫁には，「角のない牛」と表現されるほど，過酷な農作業と家事労働を無償の仕事（アンペイドワーク）として余儀なくされてきた歴史がある。農家の嫁には職業意識はなかった。農村婦人，農村女性が，財布をもち，さらには起業などして「女性農業者」と呼ばれるようになったのは20世紀が終わりかけた1990年台の後半からである。

　女性農業者の経済的地位を統計的に捉えた体系だった調査としては，農村生活総合研究センターが1996～2002年度に実施し1997～2004年に報告書をとりまとめた『農家世帯における家計の主宰と家産の形成処分に関する動態解明』が注目される。解明事業では家族社会学の「世帯主宰権」を踏まえて「家計主宰権」を，①代表権，②家産管理権，③家計管理権，④農業経営権，⑤生活運営権の計五つの権限からなり，各権限は，名義，意思決定，遂行の三つのレベルがあるとしていた。このような概念整理がされブラックボックスであった農家に調査が実施されたことがもつ意義は大きい。また，天野寛子は，地域の生活課題と各家庭の生活の質向上に各地の熱心な生活改良普及員が果たした役割を明らかにしている（天野，2001）。

②女性活躍経営体とは

　人口減少社会となるに伴い，最大の潜在力をもつ女性に注目が集まってきた。「女性活躍推進」の施策が強く求められ，2015年8月に，「女性活躍推進法」が

成立した。第四次男女共同参画基本計画（2015年12月25日閣議決定）でも第4分野「地域・農山漁村，環境分野における男女共同参画の推進」が提示された。職業継続が難しく女性の労働がM字型カーブを描いていることが知られているが，M字の底の部分は生活経験を積む時期にあり，特に食と農をつなぐライフキャリアはこの経験を大事にすることで輝いてくる。「農業の未来をつくる女性活躍経営体100選」愛称"WAP100"での女性活躍経営体は，①女性活躍推進，②経営上の成果，①と②のプラスの循環をひろげた経営体のマネジメントに焦点を当てる。優良事例をモデルでは，農業ならではの生活福祉・ダイバーシティマネジメントの取組みが見られる。地域での高齢者の雇用創出貢献やアニマルウェルフェアや資源循環型農業など，日本の農業を次世代につなぐ取組みが農業では他産業以上なされ，多様な部門で女性が責任者となってきた。日本の食と農の文化や，ライフキャリアを伸ばし定着させる研修制度・ワークライフバランス制度などを含め労働条件を整える牽引する進展することが期待される。一方，ビジネスとしての農業では，女性を登用すると，売上高・経常利益額・資本額が上がるとの謳い文句で，女性活躍が推進されている傾向もある。ビジネスとして利益とこころざしの間でプロとしての女性農業者は知恵を働かせる必要がある。

### 3　家族経営協定と認定農業者

①家族経営協定の意義と内容

　家族経営協定とは，経営主のみならず配偶者や後継者など家族が主体的に経営に参画でき，意欲と能力を存分に発揮できる環境を整備するため，第三者立ち合いのもとに家庭内の約束事を定めるものである。締結農家は2015年度で5万5435件。この12年間で，家族経営協定締結農家は2.2倍となり，主業農家数に占める締結農家数は18.2％。家族の話し合いが苦手とされる日本農家を大きく変えてきた。協定内容は，農業経営の方針（76.7％），労働報酬，収益の配分（75％），農業面での役割分担（69.9％），労働時間・休日（66.9％）と農業経営項目が主であり，生活経営の家事や育児，経営移譲などは4割に達しない。

②経営改善計画と認定農業者

　一方，認定農業者とは，農業経営改善計画を提出し市町村が認定するものである。女性認定農業者は2015年1万812名。夫婦の共同申請4862件を女性の単独申請5950件が上回る。右手に家族経営協定，左手に経営改善計画で，目指すべき姿を対話によって明文化し家族といえども相互に調整しルール化してきた。農業経営と生活経営両面から家族経営協定を同時に結ぶことで，家族個々人の生活設計と農業経営のすり合わせが可能となったといえよう。

## 4　農村女性起業とダイバーシティマネジメント

①さようなら消費者・こんにちは生産消費者

　「農村女性起業」とは，農産物加工や直売所，農家レストランや農家民宿など，産物を利用した農林漁業関連の女性が主たる経営を担っている経営形態であるものをいい，女性の収入につながる経済活動（無償ボランティアは除く）とされる。「農村女性起業」という言葉が公式の文書で初めて登場したのは，約四半世紀が経過した。女性農業者の起業活動は，2012年度で9719件グループ経営が4911件，個人経営が4808件である。起業活動数は，1997年の調査開始以来，順調に伸びており，生活研究グループのグループ活動としての農家経営の安定のみならず女性の資産形成にも一定の役割を果たしている。これらの活動を生産者と消費者の近さの感覚を残しながら，活性化していく方法を考える女性農業者の起業活動は生産者と消費者の距離の近さ，視点の共通性が特色である。

②「冷たい貨幣」を「温かいお金」にするダイバーシティマネジメント

　内山節は『怯えの時代』の「冷たい貨幣か，温かい貨幣か」を提示する（内山，2009）。貨幣の価値以外の何ものも付与されていないお金を，「冷たい貨幣」と呼ぶ。国際金融市場でマネーゲームに利用されるようなお金は「冷たい貨幣」で，社会に出回っているお金の大半は，冷たい貨幣である。「温かいお金」とは，人と人の関係の中で使用されるお金，あるいは人と人の関係のために使うお金のことである。農村女性起業が目指すのは，温かいお金で食と農をつなぎ仲間の生活を支えるダイバーシティマネジメントである。

　表6-1に示した五つのリカレント（循環）型社会「ライフサイクルリカレ

ント」「食農共生」「環境循環」「福祉循環」「男女共同参画」を同時に実現することを目指して，女性農業者は温かいお金のダイバーシティマネジメントに挑戦している。

### 5 持続可能なリカレント社会と生活者

　21世紀に入り，地球規模で持続可能（Sustainability）な暮らしをもとめる活動や運動が活性化し，学術研究では食と農に関わる社会学で「反近代化・自然との共生・ローカル化」の日本独自の実践や成果分析や研究が活性化した（桝潟他，2014）。ウェルフェアからウェルビーイングの潮流の中，医食農連携による農の福祉力を捉える動きも見られる（池上，2013）。2015年9月には国連本部においてSDGs（持続可能な開発目標）17の目標が全会一致により採択された。学問や国際的な活動が求めているのは，一人一人の人間が，自分の人生の主役となって学びつつ生きることで，社会を変えていく力をもつことである。生活者とは①生活の全体性を把握する主体をさす。②静的な形態ではなく，「生活者」へと生き方をかえていく一つのダイナミックな日常的実践をさす（天野，1996, 14頁）。女性農業者のダイバーシティマネジメントは，生活の産業化により発生した生活能力の低下，人間関係の希薄化，生活文化の断絶，地球環境問題などの弊害を是正するリカレントな流れを示唆している。

## 第4節　地域社会における生活困窮者支援

### 1 家計にとっての地域

　家計は，日常的な活動をしたり，仕事をするなど生活の場である地域の影響を様々に受けている。収入に影響する就業や消費に影響する物価水準などの経済的な環境だけでなく，自然環境や人的環境，地域の制度や仕組みにより，収入や支出のありようが異なる（重川，2016, 93-108頁）。

　ここでは，金融機関によらない貸付の仕組みを通して，地域について考える。地域社会の中でお金を調達する仕組みとして，無尽や講と呼ばれる地域の人々の相互扶助の仕組みが存在していた。現在ではお金の調達には金融機関を利用

することが多いが，金融機関から融資を受けることが困難な生活困窮者や多重債務者を対象とした貸付の仕組みについて取り上げる。

### 2 孤立する人・困窮する家計

　総務省統計局「家計調査」や厚生労働省「国民生活基礎調査」により家計の変化を概観すると，1990年代半ば以降世帯所得は減少傾向にある。また金融広報中央委員会「家計の金融行動に関する世論調査」により運用や将来の備えとしての金融資産の保有率を追うと，保有していない世帯の割合が上昇傾向にある。全体的な状況としては，家計運営は厳しくなりつつある。

　最後のセーフティネットといわれる生活保護の受給者割合（保護率）は1995年度には7.0‰と第二次世界大戦後最も低くなった後，増加に転じている。景気動向だけなく，高齢単身世帯の増加など世帯構成も変化しており，2014年度には17.0‰となった。厚生労働省「国民生活基礎調査」による相対的貧困率は2013年調査（2012年の所得）では16.1％となっている。

　内閣府「『絆』と社会サービスに関する調査」（2013年調査）では，20歳から59歳を対象に経済的な困窮状況と人との関係を調査している。必要な生活費を賄うための収入不足（賄うのが「とても難しい」と「難しい」者），滞納経験はそれぞれ約1割を占める。また，急な出費を支払えないと回答する者は約3割を占めている。

　同調査では，人との関わりについて会話と社会的サポートの授受の状況により社会的孤立の状況を捉えている。電話を含む直接的な会話だけでなく，一度は実際に会ったことのある人とのインターネットを介した交流を含めほとんど交流がない人，心理的（相談，愚痴をきく，悲喜のわかちあい），道具的（看病や世話，金銭援助，家具の移動などの手伝い，災害時手助けなど）に頼れる人がいない人がそれぞれ数％，推計実人数は，交流なし91万人，心理的，道具的に頼れる人がいない人は，順に162万人，189万人である。

　経済的な困窮と社会的孤立には関連が見られ，孤立している人は孤立していない人に比べ，困窮している割合や滞納割合が高いことが示されている（内閣府政策統括官，2014）。経済的な困窮を社会的な関係が補うのではなく，貨幣と

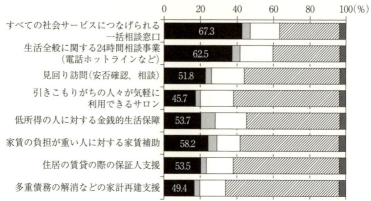

図6-3 生活を支援するサービスの利用意向

■利用したい　□利用したいが利用できない　□利用したいと思わない
☒自分には必要ない　■無回答

(注)　数値は「必要ない」と「無回答」を除いた人の中で，「利用したい」人の割合。
(出所)　内閣府（2014）より筆者作成。

人間関係，両方の生活資源が乏しい状況が重なりがちである。

　同調査では，困難な状況に遭遇した場合に利用したい社会サービスを尋ねている。図6-3に示すように，「自分には必要ない」ことと考える割合が高い。特に，多重債務は自分には必要ない，無関係のことと考えられている。「必要ない」，無回答の人を除くと，一括窓口や24時間体制など利便性の高い相談サービスに対するニーズが高い。

## 3　貸付を通じた生活困窮者支援

　前項で示したような家計状況の中，複数のところから借金を重ねる多重債務者が増加してきた。(7) 多重債務相談や自己破産，経済的理由と考えられる自殺者の増加など，多重債務問題が深刻化する中，個人の問題から社会の問題と認識されるようになり，2006年には貸金業法が改正され，内閣に多重債務者対策本部が設置された。2007年に策定された多重債務問題改善プログラムでは，金融経済教育の強化，ヤミ金取締り強化，相談窓口の整備・強化のほか，消費者信用生協で取り組まれている実態などを踏まえ，「日本版グラミン銀行」モデルとして顔の見える融資の充実として生協やNPOなどによるセーフティネット

図6-4 地域の中でのセーフティネット貸付

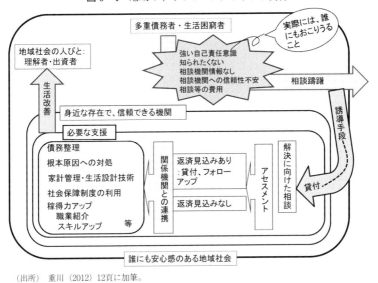

(出所) 重川（2012）12頁に加筆。

貸付の提供が示された。消費者信用生協は生協の仕組みの中で貸付事業を行っており，岩手県内での集団名義貸し事件を契機に自治体と連携し1989年に債務整理用の消費者救済資金貸付を開始した。多重債務問題や生活困窮の問題が深刻化する中で，いくつかの生協，生協関係のNPOが同様の仕組みを開始している（事業の概要については，重川，2012，角崎，2016を参照されたい）。

個人向けのセーフティネット貸付は，所得の安定性や水準が低い，返済滞納等信用情報機関への事故情報登録中などの理由で金融機関からは借入ができない，また，生活福祉資金のような社会福祉の制度の貸付利用要件には当てはまらないが，資金を必要とする層に対し貸付が行われている。例えば，失業していて就職が決まったが最初の給料日までの生活費が必要，大学の学費は奨学金を利用する予定だが推薦で合格して入学手続きの費用の準備が間に合わない，返済残額を確認せずクレジットカードを使っていたら簡単に返済できない金額にふくらんでおり困っている，冠婚葬祭が重なり収入や貯蓄では賄えない，債務を整理するために資金が必要などで相談に来ている（冠婚葬祭，債務整理の例以外は，みやぎ生協（2016）より）。

図6-4に示すように，相談を受けると，まず家計実態や借入状況など問題状況の把握を行うことになる。相談員は相談者とともに家計の見直しを行いながら，相談者にとって他により有利で利用可能な制度があれば，その利用を紹介する。貸付の必要性，返済見込みを考慮し貸付できる場合に貸付を行う。返済が見込めず貸付できない場合にも，他の機関などと連携し，例えば生活保護申請への同行など利用可能な制度につなぐなど，現状の改善策を検討する。

　返済が遅れた場合には状況を把握し，再度家計を見直し，返済期間を延ばすなどの対応を行う場合もある。相談を受け付け，返済が終わるまで，相談者に寄り添い伴走型支援が行われている。経済基盤が脆弱な者も多い中，丁寧なアセスメントとフォローにより貸倒れ金（返済不能）の割合は1％前後と低い。自治体から委託を受け事業の一部が行われている場合もあるが，独自の事業として行う場合には，組合員や市民からの出資金などのほか，貸付利息により事業運営が行われる。貸出できない層への福祉的対応も含めた運営費用が必要であるため，必ずしも低いとはいえない年利10％前後で貸出しが行われている。生活福祉資金並みの金利にするためには社会としての費用分担の検討が必要となる。

　生活相談・貸付事業は生活上借入が必要で，丁寧な支援があれば返済を見込める他に貸し手のいない人に対し，単に必要に応じた貸付をするのではなく，貸付を通じて相談者が抱える問題の原因を探索し，家計管理助言，その他必要なケアを行い，相談者自身による主体的な生活の改善・再生を支援する仕組みである。相談者のうち貸出できる人数は必ずしも多くないが，返済が見込めず貸付できない場合にも利用可能な制度や必要な支援の仕組みにつなぐことで生活の改善・再生を支援している。また，地域の人の出資したお金が同じ地域で暮らす人の生活改善に資するという，地域の中で意味あるお金の循環をつくりだしている。

### ４　包摂する地域社会に向けて

　先述のように経済的困窮と社会的孤立は重なることも多く，様々な支援の仕組みや組織があっても，そこにつながっていかない場合が少なくない。制度や

仕組みがあるだけでは不十分で，支援が必要そうな人へのアウトリーチが必要である。前掲図6-4に示すように，相談先を知らないだけでなく，知っていても相談を躊躇していることも少なくない。直接的なアウトリーチではないが，「お金を貸してくれるなら相談に行ってみよう」というような，貸付が利用できることが相談へと引き寄せる誘導灯の役割を果たしている。

　生活相談・貸付事業を担っている主な事業主体である生協は，組合員が出資し運営にも関わり，利用する，という組織であり，この事業開始においても，組合員に諮り，総代会での承認を得てすすめられている。2013年に多重債務・生活困窮者への相談・貸付事業を開始したみやぎ生協でも，当初から意義は理解できる，相談のみならよい，などの肯定的な声もあったが，貸付対象者はリスクが大きく，貸付金が返ってこない，出資金が確保されない，事業として成立しないなどの否定的な意見が多く挙がっていた。組合員に対し，相談者がどのような状況で資金を必要としており，生活再生につながっている先行実施機関での具体的事例などを含めたわかりやすい資料を作成し，丁寧な説明を重ねることで，仕組みへの理解が高まり，誰にでも起こりうることであり必要な事業，協同を掲げる生協らしい事業など肯定的な意見が多くなった。説明会や学習会への参加はリーダーなどが多く，全組合員の中では一部であるが，参加者から周りへ伝播し，組合員によらず地域の人たちに相談できる場所があることを知らせるだけでなく，困窮者や仕組みに対する理解者を広げ，地域への安心感，信頼感の醸成につながることが期待される。NPOの場合にも，出資者募集や活動への理解のために活動の意義を広める説明会などが行われている。

　経済的な側面についても「困ったことを相談できる」「困ったときには誰かが支援してくれる」という仕組みの存在は，地域社会や地域の人たちの互いの信頼につながり，困窮者だけでなく地域に暮らす人たちの安心感につながると考えられる。

## 第5節　環境の視点から見た地域社会と生活経営

### 1　環境問題とは何か

「環境問題」という言葉は，いつ頃から生活と切っても切り離せない言葉になったのであろうか。いわゆる「環境問題」とは，直接的な現象として，①生物種の減少，②資源の枯渇，③生態系の劣悪化（環境汚染），④廃棄物の累積に分類できる（加藤，1999，2頁）。そしてそれらの現象が不特定多数の人々の通常は不正とみなされない行為の累積によって引き起こされた場合，日本では「公害」と呼ばれる。

水俣病や四日市ぜんそくなどが，ある特定の地域で起きた環境問題であるのに対して，どこにいても誰しもが生活（生産と消費）をすると，必ず何らかの廃棄物が生み出され，環境に負荷をかけ，環境を汚染する。毎日，誰しもが環境問題と関わって日々生活をしているのである。しかし私たち人間も環境の一構成要素であることから，環境に廃棄物を排出して環境に負荷をかけると同時に，環境が被る負荷を回り回っていずれは受けることになる。つまり私たちの生活は健全な環境があってはじめて可能となると考えることができる。しかし人間は唯一環境破壊につながる行動をするが，一方で人間がもつ感性によって，唯一環境を守ることもできる（杉原，2001，14-17頁）。環境問題の解決は，多くの場合，科学技術による方法の開発に目が行きがちであるが，その前に私たちの生活そのものを見つめ直すことから始める必要があろう。国家や企業に比べると家庭生活のシステムはその規模が小さいが，家庭生活からも毎日廃棄物が生じている。そして小さな廃棄物でもチリと積もれば山となるため，家庭生活でのモノの使い方や量を見直すこと，そして生活している地域社会の環境問題に関心をもつことが，マクロの環境問題を解決する上できわめて重要となる。

### 2　生活と環境

生活をすると，必ず環境からモノを取り入れ（インプット），そしてそれらを活用した後，必ず何らかの形で廃棄物を環境に排出している（アウトプット）。

インプットには，水，電気，空気，ガス，モノ等があり，アウトプットには動力，モノ，廃棄物，廃水，廃熱等がある。アウトプットは，子育て，家族の健康維持，教育等のポジティブアウトプットと廃水，廃熱等のネガティブアウトプットに分けられるが，これまではこのネガティブアウトプットはその絶対量が少なかったため，あまり注視されてこなかった（杉原，2001，22頁）。特に廃水，廃棄物等は目の前からなくなれば見えなくなることから認識されにくかった。家庭というシステムを考えると，それぞれが独自の価値観に基づいて生活しているため，企業のように横のつながりや縦のつながりが薄く，大規模な廃棄物抑制の活動を起こしにくい。しかし家庭は企業や国に比べると小さなシステムであるがゆえに，意思決定や行動の変更が比較的容易ともいえる。ひとたびインプットを少なく，ネガティブアウトプットを減らすライフスタイルを始めると，比較的効果が見えやすい。ただし自分の家庭だけで持続することは難しい。そこで重要なのが地域社会とのつながりである。これまでの価値観を変え，ライフスタイルと環境との関係を見えやすくし，その価値観を地域社会で共有することによって，持続可能なライフスタイルを継続しやすくすることが重要である。

## ３　情報，環境，ライフスタイルと生活経営

　一般にライフスタイルを形づくっている価値観を変えることは難しいと考えられがちであるが，少しずつ生活実践に移していくことはそれほど難しいことではなく，一度実践を始めると，それが習慣となり，実践を続けることが可能となる。行動を変えるには，生活に対する価値観を変えなければならないが，そこで重要な役割を担っているのが情報である。情報には，①意思決定，②人間の発達，③コミュニケーション，という三つの機能がある（杉原，2001，83頁）。図6-5は，情報とライフスタイルとの関係を示している。私たちは常に様々な情報を摂取，蓄積，活用，発信しながら，私たちの内的世界を形成している。そしてその情報を吟味し，判断・意思決定をしている。情報によって意思決定された生活様式が外に表出したものがライフスタイルとなる。そして私たちがとるライフスタイルは，外のエネルギーやモノの量，方向に影響を与え，

図6-5 情報,環境,ライフスタイルの関係

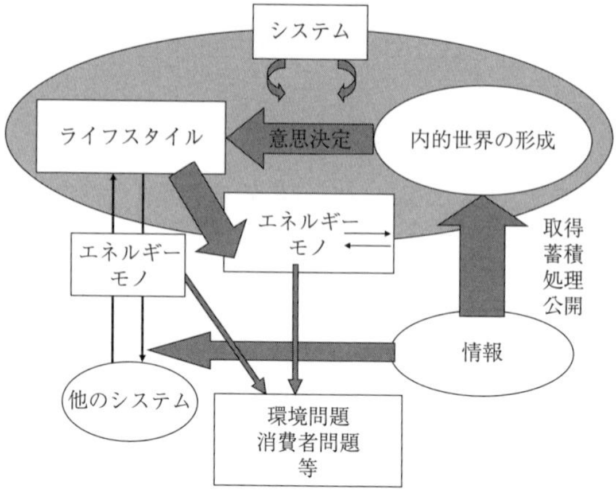

(出所) 筆者作成。

それが環境問題等に発展すると考えられる。環境問題等の情報によって、次にとるべき行動の意思決定がされるため、私たちの生活、あるいは私たち自身は情報によって形成されているといっても過言ではない。

今後、環境問題をなるべく減らし、持続可能な社会を形成するためには、正確な環境情報を提供し、あるいは取得し、より多くの人が環境にやさしい情報をライフスタイルに活用し、さらに他の人に発信していくことが重要である。個人や家庭だけでなく、地域社会においても、環境情報を共有することによって、より多くの人が環境にやさしいライフスタイルの獲得と実践の継続が可能となるため、情報は今後の生活経営においてきわめて重要となる。

### 4 生活の持続可能性

生活経営をするときの条件とは何であろうか。私たちの生活は一つのシステムとして捉えることができるが、システムとは、「多くの要素が互いに関係しあいながら、全体としてある有機的なまとまりを持ち機能するもの」(ベルタランフィ/長野・太田訳, 1976) と定義できる。私たちが生活するシステムは、生活世界を構成する各種の組織によって成り立っているが、システムが持続可能であるためには、代謝、相互作用、自律性が必要である (大藪・杉原, 1999)。

まずシステムは、組織として維持、発展するために必ずシステムの外の世界である「環境」と、エネルギーやモノのやりとりをしている（代謝）。また個人と家庭、家庭と家庭、家庭と地域など、システム相互の関係性によってつくられた多様性を存在の前提としている（相互作用）。さらにシステムは、その自己調節機能によって、環境の小さな変化に対応して、恒常的に自己維持を行っている。また、絶えず外部世界と相互作用しながら、システムの秩序をシステム内部でつくり上げるという自己組織性をもっている。これら二つの機能（自律性）を加えた三つの条件が満たされ、それらが連関して機能する時に初めてシステムは持続可能となる。

今後、様々な地域で環境の視点に基づいた活動を展開する場合、これら三つの条件がうまく機能するかどうかを検討することが重要となる。その場合、持続可能な社会の実現を環境の視点からわかりやすく見える化するものとして、「環境家計簿」や「環境報告書」「環境共同書」の活用が挙げられよう。「環境共同書」（杉原，2001，175頁）は、「環境家計簿」や「環境報告書」が統合された形で、地域における環境の状況を表すものである。「環境共同書」には、個人、家庭、企業、地域がそれぞれのシステム内での自己の位置がわかり、自分が今後どのようなライフスタイルをとるべきかを意思決定でき、システム間の関係性がわかる環境情報が提供されるとよいだろう。

## 5　地域社会での取組み

近年、地域社会での環境の取組みは数多くなされている。地域における環境活動には、町内会や自治会、婦人会、生活学校、企業では一般企業に加え、生協やJAの取組み、さらに小学校や中学校では地域社会との協同も取り入れた環境教育など、規模別に見ても大小様々である。例えば町内会等では、ごみの分別、回収、掃除の実践が多い。自治体では、国の助成金を得ながら規模の大きな風力発電や太陽光発電の事業に着手するところもある。地域社会で持続可能な開発を進めるためには、再生可能エネルギーの利用例がよく見られる。再生可能エネルギーには、風力、太陽光、バイオマス、地熱、波力、原子力、水力発電等が挙げられるが、その中でも世界中で実用化されていて、最も地球環

境に影響を与えないと考えられる太陽光発電と風力発電をめぐる最近の活動例を見てみよう。

太陽光を使った様々なプロジェクトの一つとして「おひさまプロジェクト」が，多くの市町村で立ち上がっている。これらのプロジェクトは，市民が寄付という形で参加し，基金を積み立てたり，NPOによって運営されており，市民の環境教育などの形で還元している例が多い。例えば相馬市では，太陽光発電設備を市民が参加するかたちで保育所や幼稚園，公共性の高い施設などに設置しており，設置後はさらなる設備整備や，保育内容などへと波及させるため，環境学習プログラムの提供をしている。

さらに風力発電については，太陽光発電よりもインフラの整備が必要となるが，地域社会にとっては，地産地消のエネルギーシステムによって環境が保護されるというメリットがある（NEDO, HP）。このような新エネルギーは，1997年の「新エネルギー利用等の促進に関する特別措置法（新エネ法）」の施行によって，地方公共団体や民間企業・団体等による積極的な取組みが後押ししている（日本風力開発株式会社，HP）。市民参加型の風力発電では，「北海道グリーンファンド」が草分け的存在で1999年に設立され，「グリーン電気料金制度」をスタートしている。

これら地域社会での環境活動とシステムの持続可能な三つの条件との関係を最後に考えたい。それぞれのプロジェクトでは，寄付を市民から得ることで，それによって得た資金を環境教育の事業費に充てたりしながら事業を動かしている（代謝）。また市民と地域社会だけでなく他の団体とも関係しながら動いている（関係性）。さらに市民や団体は資金を独自に受け入れており（自立性），その時々の状況に応じて規模を変化させている（自律性）。このようにシステムの代謝と関係性，自律性を確保することで活動が持続的に継続している。地域社会における環境活動は，地域社会における個人，家庭，企業等のそれぞれのシステムと代謝，関係性をもちながら，自律することで持続可能となりうる。今後，個人や家庭だけでなく，地域規模で生活のあり方を考えることが，私たちの生活にとってきわめて重要といえよう。

**注**

(1) 総務省統計局「平成27年国勢調査　抽出速報集計結果」(2016年6月29日) による。
(2) 生活経済学におけるケーパビリティ・アプローチには、朝日 (1992) などがある。
(3) 現在でも、このような仕組みをもつ地域もあるが、金銭の調達というより定期的な会合をもつことを趣旨に無尽や講を行っている地域も見られる。沖縄では模合と呼ばれ、文具店等で模合専用の模合帳が売られている。また、お金を融通できる一方、掛け金の支払いができない、途中で不明になるなどの知人間でお金のトラブルを抱えることも生じる。
(4) 都道府県別の保護率は、北海道、青森、東京、大阪、福岡のように20‰を超えるところがある一方、富山、石川、長野、岐阜のように5‰を下回るところもある (2014年度)。保護率の地域差の研究では、経済・雇用環境のほか、高齢化、世帯構成、離婚率のような人口学的要因、行財政状況などが影響していることが示されている。
(5) 税金や社会保険料を控除した世帯の収入を世帯人員数の平方根で除した値である等価可処分所得の中央値の半分に満たない人の割合。
(6) 過去1年間で公共料金やクレジットカード返済など七つの項目について支払う必要があったのに滞納した経験がある割合を尋ねており、最も割合が高いのがクレジットカード返済の滞納の9.3%である。7項目いずれかの滞納を捕捉するとさらに高い可能性もある。
(7) 主な借入理由は、消費生活センターや日本クレジットカウンセリング協会への相談によると遊興や高額品への浪費から失業等による収入喪失・減少や生活費補填に変化してきている。
(8) 2009年には生活再建資金貸付を開始している。
(9) 事業者向けにもセーフティネット貸付がある。

**参考文献**

朝日譲治，1992，『生活水準と社会資本整備』多賀出版。
天野晴子，1991，「主婦の生活高度の分析——生活時間を中心として」『統計』第42巻第7号。
天野晴子，1994，「生涯モデル別にみた男女の生活時間——社会生活基本調査を用いて」『生活経済学研究』第10巻。
天野晴子，2010，「生活時間とアンペイドワーク」伊藤セツ・伊藤純編著『ジェンダーで学ぶ生活経済論』ミネルヴァ書房。
天野晴子・伊藤セツ，1988，「広義労働と余暇」『生活経営学研究』第23巻。
天野寛子，2001，『戦後日本の女性農業者の地位』ドメス出版。
天野正子，1996，『「生活者」とはだれか』中公新書。
天野正子，2012，『現代「生活者」論』有志舎。

天野正子，2013，「「生活者」概念の系譜～戦時体制期から21世紀（2012年11月7日）」生活文化ESC『生活文化の世代間伝承による持続可能な消費』平成24年度報告書。
アマルティア・セン／鈴村興太郎訳，1998，『福祉の経済学――財と潜在能力』岩波書店。
アマルティア・セン／後藤玲子，2008，『福祉と正義』東京大学出版会。
石田好江，2008，「低所得・長時間労働者世帯の生活実態」『生活経営学研究』第43巻。
石田好江，2014，「生活経営学におけるケイパビリティ・アプローチの可能性」『生活経営学研究』第49巻。
伊藤純，2015，「福祉社会における生活の社会化と家計」伊藤純・斉藤悦子編著『ジェンダーで学ぶ生活経済論［第2版］』ミネルヴァ書房。
伊藤セツ，2009，「生活経営学的視点が『生活の社会化』の新たな地平を開く」『生活経営学研究』第44巻。
池上甲一，2013，『農の福祉力』農文協。
イリイチ／玉野井芳郎・栗原彬訳，1982，『シャドウ・ワーク』岩波書店。
岩崎由美子，2014，「かーちゃんたちの生き方」塩谷弘康・岩崎由美子『食と農でつなぐ 福島から』岩波新書。
上村協子，2010，「地域通貨によるコミュニティデザイン」(社)日本家政学会生活経営学部会『暮らしをつくりかえる生活経営力』朝倉書店。
上村協子，2012，「持続可能な暮らしにむけた男女共同参画視点の復興――6次産業化と女性農業者の企業活動」『生活経済学研究』第35巻。
上村協子，2015，「試論『現代生活学』」生活文化ESC『生活文化の世代間伝承による持続可能な消費』平成26年度報告書。
上村協子，2016，「オルタナティブな『生活者の経済』学」栗田啓子・松野尾裕・生垣琴絵編『日本における女性と経済学』北海道大学出版会。
内山節，2009，『怯えの時代』新潮社。
大竹美登利，2016，「生活時間からのアプローチによる生活支援の可能性」『生活経営学研究』第51巻。
大藪千穂・杉原利治，1997，「家政学から人間社会システム学へ」『家政学原論部会会報』第31巻。
大藪千穂・杉原利治，1998，「持続可能な社会のための生活指標と消費者教育」『消費者教育』第17冊。
大藪千穂・杉原利治，1999，「持続可能な社会のための消費者教育」『消費者教育』第19冊。
角崎洋平，2016，「日本の生活協同組合などによる貸付事業」佐藤順子編著『マイクロクレジットは金融格差を是正できるか』ミネルヴァ書房。
加藤尚武，1999，『環境と倫理』有斐閣アルマ。
環境省HP　http://www.env.go.jp/press/100296.html　2016年5月5日閲覧。
経済産業省，2006，「シティズンシップ教育と経済社会での人々の活躍についての研究会

報告書」.
公益財団法人消費者教育支援センター, 2013, 「先生のための消費者市民教育ガイド——公正で持続可能な社会をめざして」.
高祖敏明, 2014, 「グローバル化時代のシティズンシップと教育」田中治彦・杉村美紀共編『多文化共生社会における ESD・市民教育』上智大学出版.
斎藤悦子, 2015, 「生活の質の向上と持続可能な社会の実現に向けて」伊藤純・斎藤悦子編著『ジェンダーで学ぶ生活経済論［第2版］』ミネルヴァ書房.
佐藤順子編著, 2016, 『マイクロクレジットは金融格差を是正できるか』ミネルヴァ書房.
重川純子, 2012, 「生協における多重債務者・生活困窮者への相談・貸付事業の現状と課題」『生活協同組合研究』通巻434号.
重川純子, 2016, 『新訂 生活経済学』放送大学教育振興会.
シティズンシップ研究会, 2006, 『シティズンシップの教育学』晃洋書房.
NEDO（新エネルギー・産業技術総合開発機構） http://www.nedo.go.jp/fuusha/doc/20130627_01. pdf#search=%27%E9%A2%A8%E5%8A%9B%E7%99%BA%E9%9B%BB+%E5%9C%B0%E5%9F%9F%27 2016年4月30日閲覧.
杉原利治, 2001, 『21世紀の情報とライフスタイル——環境ファシズムを超えて』論創社.
相馬おひさまプロジェクト http://www.soma-ga.org/soumagurinaku/ohisamapurojekuto.html 2016年5月4日閲覧.
内閣府政策統括官（経済社会システム担当）, 2014, 「『絆』と社会サービスに関する調査結果の概要」 http://www5.cao.go.jp/keizai2/personal-s/kekkagaiyou2.pdf 2016年7月10日閲覧.
長沼豊, 2003, 『市民教育とは何か』ひつじ市民新書.
中山節子, 2014, 『時間貧困からの脱出にむけたタイムユースリテラシー教育』大空社.
日本消費者教育学会, 2016, 『最新消費者教育 Q&A』中部日本教育文化会.
日本風力開発株式会社 http://www.jwd.co.jp/quality/market.html 2016年4月30日閲覧.
農林水産省大臣官房統計部, 2016, 「2015年農林業センサス結果の概要（確定値）」(http://www.maff.go.jp/j/tokei/census/afc/2015/attach/pdf/kekka_gaisuuti-2.pdf 2016年3月25日公表).
広井良典, 2001, 『定常型社会』岩波書店.
ベルタランフィ, L. V.／長野敬・太田邦昌訳, 1976, 『一般システム理論』みすず書房.
北海道グリーンファンド http://www.h-greenfund.jp/index.html 2016年5月4日閲覧.
堀越栄子, 2010, 「参加と協働による生活経営」日本家政学会生活経営学部会編『暮らしをつくりかえる生活経営力』朝倉書店.
桝潟俊子・谷口吉光・立川雅司編著, 2014, 『食と農の社会学——生命と地域の視点から』ミネルヴァ書房.
松村祥子, 2000, 「福祉ミックス時代の生活課題」(社) 日本家政学会生活経営学部会編

『福祉環境と生活経営』朝倉書店。

御船美智子，1977,「生活者と現代社会」原司郎・酒井泰弘編『生活経済学入門』東洋経済新報社。

みやぎ生協，2016,「2015年度みやぎ生協『くらしと家計の相談室』事業活動の報告」。

宮崎礼子，1978,「序章」宮崎礼子・伊藤セツ編『家庭管理論［新版］』有斐閣。

宮本みち子，2003,「生活主体の形成とシティズンシップ」日本家政学会生活経営学部会『生活経営学研究』第38巻。

盛岡通，1986,『身近な環境づくり——環境家計簿と環境カルテ』日本評論社。

吉田民人・鈴木正仁編著，1995,『自己組織性とはなにか』ミネルヴァ書房。

Consumer Citizenship Network (CCN), 2005, "Consumer citizenship education Guidelines Vol. 1, Higher Education".

Marshall, T. H. and Bottomore, T., 1992, *Citizenship and Social Class*, Pluto Press.（マーシャル，T. H.・ボットモア，T./岩崎信彦・中村健吾訳，1993,『シティズンシップと社会的階級——近現代を総括するマニフェスト』法律文化社）

Qualifications and Curriculum Authority (QCA), 1998, "Education for citizenship and the teaching of democracy in schools," QCA Publications.

Twine, F., 1994, *Citizenship and Social Rights*, SAGE Publication.

Williams, C. C. & Windebank, J., 2003, *Poverty and the Third Way*, Routledge.

$$\left(\begin{array}{ll} \text{東　珠実：第1節} & \text{重川純子：第4節} \\ \text{天野晴子：第2節} & \text{大藪千穂：第5節} \\ \text{上村協子：第3節} & \end{array}\right)$$

# 索　引
（＊は人名）

## あ行

IoT　2
ICT　14
IT　2, 14
アウトリーチ活動　114
足による投票　34, 36
アセスメントとフォロー　190
アセット・マネジメント　61, 106
アドボカシー活動　121, 122, 127
アニマルウェルフェア　184
＊天野正子　29, 182
アメニティ　7
＊アルパジェス, D.（Harpagès, D.）　39
安全・安心　22, 42
アンペイドワーク　180, 181
域外産業　57
域内市場　57
生きる力　45
意思決定　6, 193
依存財源　95
1世帯当たり平均所得金額　64
一般会計予算　95, 96, 99
一般財源　95
いととめ　144
イノベーション　37
医療保険　111
インセンティブ　8, 10
インターネット　32
インフラストラクチャー（インフラ）　5, 38, 40
＊上田昭三　3
AI　2, 14, 37
衛生費　93
SDGs（持続可能な開発目標）　186

FMOT　148
ME化　14
エンパワメント　21, 39
＊大熊信行　31
＊大竹文雄　8
＊小塩隆士　8
＊オストランド, L. E.（Ostlund, L. E.）　5
オムニセブン　148
オムニチャネル　146

## か行

介護保険　111, 114, 122, 132, 135
介護離職　117
買物困難者（買物難民）　35, 143
価格弾力性　6
核家族化　4
家計主宰権　183
家政学　20
家族経営協定　184
価値観　2
学校給食　97
家庭環境　8
家庭生活　39
ガバナンス　8, 22, 33
環境家計簿　195
環境共同書　195
環境報告書　195
機会費用　8
規制改革　164
規制緩和（措置）　156, 160, 163, 164
規範論　7
協会けんぽ　85-87
共済組合保険　85, 86
共助（協助）　9
行商車両運用者　144

201

協同組合組織　124, 132, 133, 136
金融教育　48, 76
金融排除と包摂　35, 37
金融ビッグバン　75
国と地方の協議会　160, 161
＊グラハム, C. (Graham, C.)　8
ケア・マネージャー　123
経済学　19
経済教育　48
経済大国　22
ゲマインシャフト　33
限界効用　10
健康保険組合（健保組合）　85, 86
公益事業　93, 99, 100
後期高齢者医療制度　85, 87
後期高齢者支援金　87, 88
合計特殊出生率　53
公需　60
公助　9, 22
厚生経済学　20
構造改革特区　155, 156, 158, 160, 166
行動経済学　5
高度経済成長　32
幸福度　7
幸福の経済分析　8
公平（性）　22, 42
効用極大化　5
効率性　22
高齢化　60, 143
高齢化率　54, 104
顧客経験価値　147
国際戦略総合特区　159, 160
国民健康保険（国保）　85, 87-90
国家戦略特別区域会議　162, 164
国家戦略特区　155, 161-163, 166, 167
国庫支出金　89, 95, 96, 98
国庫負担金　107
互助システム　114
コミュニケーション　3, 193
コミュニティケア　119

コミュニティビジネス　74, 75
コミュニティビジネス支援　74, 75
コミュニティビジネス事業者　74, 75
コモンズ　149
＊今和次郎　29
混合経済体制　111
コンシューマー・シティズンシップ　173, 174
コンパクト・シティ　7, 36

### さ　行

サービス化経済　2
財政再生団体　103
財政力指数　61, 104
在宅介護　113
細分化・専門化　24
＊サイモン, H. A. (Simon, H. A.)　28
＊酒井泰弘　19
サステナビリティ　1, 5, 13, 38
サブシステンス　181, 182
産学連携　78
産官学金労言　80
3大都市圏　54
GNH　8
GNP　8
GDP　8
ZMOT　148
時間貯蓄　114, 130, 131
時間貧困　180
時間預託制度　130, 131
事業性評価　70-73
資源配分　10
自己規律・自己責任原則　76
自己実現　7, 10
自己組織性　195
自己調節機能　195
事後評価　161
資産負債　9
資産負債管理（ALM）　21
自主財源　95, 107

索　引

自主・自立・自考　159, 161, 166, 167
自助　9, 22
市場機構　111
市場メカニズム　10, 76
システム　193
自然環境　12, 13, 34
自然減　55
持続可能　182
　──な社会　43, 174
実験経済学　5
シティズンシップ　32, 171
シティズンシップ教育　172
シナジー　20, 25
シビルミニマム　34, 37
市民　25
社会科学　20
社会環境　12, 13
社会減　55
社会貢献　39
社会指標　42
社会政策学　20
社会的インフラ　13, 35
社会的企業　126, 136
社会的孤立　115, 129, 132, 187
社会的責任　32
社会的排除　116, 175, 176
社会的費用　22, 37
社会的包摂　176
社会福祉基礎構造改革　124, 129
若年人口　54
シャドー・ワーク　28, 39
自由　22, 42
自由放任主義　111
主観論　9
主体均衡論　4, 5
準市場主義　120
商業の継続性　144
消極的貢献　107
少子化対策　142
少子高齢化　1, 15

小地域担当制（パッチ・システム）　119, 130, 134
消費　11, 19
消費者　25, 27
　──の心理　6
消費者教育　173
消費者教育推進法　173
消費者市民社会　173, 174
消費性向　9
消費的経費　99
情報リテラシー（情報処理能力）　43
消滅可能性都市　141
ショールーミング　146
職域福祉　112
職業生活　25, 26
女性活躍推進法　183
女性農業者　183
所得　5, 9
所得格差　14, 55
所得収支　21
自律性　194
人工転入超過割合　55
人口動態　11, 15, 21, 23
新国民生活指標　42
人材支援制度　166
信用金庫　61, 62, 70, 71, 74, 75
水道事業　100-106
水道法　101, 105
水道料金　101-104, 106
＊スティグリッツ, J. E.（Stiglitz, J. E.）　8
ステークホルダー　77
スマート・シティ　7
スマート・メリット　151
＊スミス, アダム　23
生活科　45, 46
生活環境　1, 3, 4, 7, 12
生活教育　44
生活経営　13
生活経済　13, 19
生活経済学　8, 20

203

生活経済学会　19, 20
生活資源　5, 175
生活指標　43
生活者　25, 26, 28, 186
生活水準　3, 10, 32
生活設計　3, 19, 22
生活相談・貸付事業　190, 191
生活大国　22, 32
生活大国五カ年計画　42
生活の質　1, 15
生活の社会化　176, 181
生活の主体　3
生活の豊かさ　22
生活の豊かさ指標　42
生活保護　94-96
生活様式　19
生協　191
生計　19
生産性　28
生存　7, 25
政府の役割　111
生命　25
セーフティネット貸付　188, 189
積極的貢献　107
総括原価主義　100
総合化・体系化　24
総合特区　155, 159-161, 166, 167
総合特区制度　162
相互作用　194
相互扶助　9
　　──の組織化　114
相互扶助組織　112, 126, 128, 130, 134, 135
創生二法　142
創生本部　142
相対的貧困率　64
ソーシャル・キャピタル　4, 10, 13
ソーシャル・ビジネス　21
＊ソロモン, M. R. (Solomon, M. R.)　5

た　行

代謝　194
ダイバーシティマネジメント　184
宅配サービス　148
多重債務者　188
＊橘木俊詔　8
多文化共生社会　37
単身者世帯　4
地域活性化　154, 157, 161, 166, 167
地域活性化策　163
地域活性化総合特区　159, 160
地域間格差　107
地域環境　14
地域ケア会議　125, 135
地域経済分析システム（RESAS）　165
地域コミュニティ　113, 115, 116, 125-127, 129, 133
地域再生　152, 158, 160
地域再生計画　158, 159
地域支援事業　122-124
地域社会　3, 9, 15, 19, 37, 38, 47
地域主権　117
地域振興策　154
地域生活　39
地域総合相談窓口　136
地域通貨　114
地域分権　114
地域包括ケア構想　113, 115, 117, 122, 125, 126, 128, 133
地域包括支援センター　122, 123, 126
地域密着型金融　69, 70
地球環境　13
地産地消　174
地方圏　54
地方公営企業　99, 101
地方公営企業法　100
地方交付税　85, 95, 96, 107
地方債　95, 107
地方再生　155, 166

# 索　引

地方譲与税　95, 96, 98
地方創生　64-66, 70, 78, 80, 152, 164, 165
地方創生コンシェルジュ制度　165, 166
地方創生人材支援制度　165
地方創生政策　15, 36
地方創生特区　163
地方分権化　117
中小企業　58
中小企業政策　66, 67
貯蓄　11, 19
冷たい貨幣　185
提案制度　156, 157
低成長経済　36, 48
低炭素　151
＊テンニース, F.（Tönnies, F.）　33
東京圏　54
投資的経費　97, 99
とくし丸　144
特定財源　95
独立採算（制）　100, 105
都市再生の特区　156
＊豊重哲郎　153

## な 行

内部環境　12
＊中村隆英　3
日本創成会議　141
人間の発達　193
認定制度　156, 157
認定農業者　185
ネガティブアウトプット　193
年金生活　6
農村女性起業　185
能力説　83

## は 行

パーソナル・ファイナンス　3, 21, 22
パイロット自治体制度　156
働く　25
＊パットナム, R. D.（Putnam, R. D.）　4

＊林敏彦　8
＊原司郎　19
＊バロン, S.（Baron, S.）　4
＊ハワード, J. A.（Howard, J. A.）　5
伴走型支援　190
P2P　150
BCP　15
B2C　150
東日本大震災　182
評価制度　156, 157
被用者保険　86, 87, 89
負のスパイラル　53, 55, 57, 58, 60, 61, 77
不平等度　64
フロント技術　147
分権の多元主義　117-119
ペイドワーク　179, 180
防減災　4, 13, 34
保護率　187
ポジティブアウトプット　193
＊ポパー, K. R.（Popper, K. R.）　20
ボランティア活動　9, 10

## ま 行

＊マーシャル, T. H.（Marshall, T. H.）　171
＊マシューズ, G.（Mathews, G.）　9
＊マズロー, A. H.（Maslow, A. H.）　7, 39
まち・ひと・しごと創生　155, 161, 164, 166, 167
満足度　8
＊ミシャン, E. J.（Mishan, E. J.）　13
モニタリング　43

## や 行

柳谷　153
有効求人倍率格差指標　55
余暇活動　1, 10, 26
予算制約　3, 5, 10
予防介護　113, 123, 128

## ら 行

ライフスタイル　2, 21, 43
ライフワーク　5
*ラトゥーシュ, S.（Latouche, S.）　39
利益説　83, 108
リレーションシップバンキング　68, 69
レピュテーション　40
老人医療　90, 91
老人福祉　90
労働者　28
老老介護　115
ローカル・ガバナンス　119, 120
ロボタイゼーション　14

## わ 行

ワークライフバランス　35, 177, 179-181

## 執筆者紹介 (所属, 執筆分担, 執筆順)

内田　　滋（愛知学院大学商学部教授：序章, 第1章）

大藪千穂（岐阜大学教育学部教授：第1章, 第6章第5節）

藤野次雄（横浜市立大学名誉教授, 横浜市代表監査委員：第2章第1節, 第2節1, 2, 4項, 第4節3, 4項）

松崎英一（信金中央金庫 地域・中小企業研究所長：第2章第2節3項, 第3節, 第4節1, 2項）

朝日讓治（明海大学経済学部教授：第3章）

石田成則（関西大学政策創造学部教授：第4章）

小笠原浩一（東北福祉大学総合福祉学部教授：第4章）

山本克也（国立社会保障・人口問題研究所社会保障基礎理論研究部室長：第4章）

伊藤　　一（小樽商科大学商学部教授：第5章第1, 2節）

御園慎一郎（元内閣官房内閣審議官, 大阪大学招聘教授：第5章第3, 4節）

東　珠実（椙山女学園大学現代マネジメント学部教授：第6章第1節）

天野晴子（日本女子大学家政学部教授：第6章第2節）

上村協子（東京家政学院大学現代生活学部教授：第6章第3節）

重川純子（埼玉大学教育学部教授：第6章第4節）

生活経済学会
The Japan Society of Household Economics

　生活経済学会は，1985年に，個人（家計）の経済生活の諸問題を市民・生活者の立場から学際的に研究する学会として設立されました。学会の目的は，市民・生活者が直面する諸問題を研究し，もって個人（家計）の経済生活全般の改善・充実に貢献することです。諸問題を分析するにあたって，社会における効率性，公平性，安全・安心，自由を重視するとともに，より根底的に自然環境ないし人間と自然のバランスを重視することを目指しています。
　学会HP：http://www.jsheweb.org/

地域社会の創生と生活経済
——これからのひと・まち・しごと——

2017年3月30日　初版第1刷発行　　　　　　　〈検印省略〉

定価はカバーに
表示しています

編　　者　　生 活 経 済 学 会
発 行 者　　杉　田　啓　三
印 刷 者　　田　中　雅　博

発行所　株式会社　ミネルヴァ書房
607-8494 京都市山科区日ノ岡堤谷町1
電話代表 (075) 581 - 5191
振替口座 01020 - 0 - 8076

©生活経済学会，2017　　　創栄図書印刷・藤沢製本

ISBN978-4-623-07917-9
Printed in Japan

内田　滋著
**現代生活経済とパーソナル・ファイナンス**
　　　　　　　　　　　　　　　　　　A5判・260頁・本体3,000円

伊藤　純・斎藤悦子編著
**ジェンダーで学ぶ生活経済論［第2版］**
——現代の福祉社会を主体的に生きるために　　A5判・244頁・本体2,800円

芝田文男著
**「格差」から考える社会政策　新刊**
——雇用と所得をめぐる課題と論点　　A5判・260頁・本体2,800円

野口定久著
**人口減少時代の地域福祉**
——グローバリズムとローカリズム　　A5判・328頁・本体3,200円

永田　祐著
**住民と創る地域包括ケアシステム**
——名張式自治とケアをつなぐ総合相談の展開　　A5判・228頁・本体2,500円

牧里毎治・川島ゆり子編著
**持続可能な地域福祉のデザイン**
——循環型地域社会の創造　　A5判・313頁・本体6,500円

——————— ミネルヴァ書房 ———————

http://www.minervashobo.co.jp/